DU MÊME AUTEUR

Aux Éditions Gallimard

CHÂTEAUX DE LA COLÈRE
SOIE
NOVECENTO : PIANISTE. Un monologue
OCÉAN MER
L'ÂME DE HEGEL ET LES VACHES DU WISCONSIN
CONSTELLATIONS. Mozart, Rossini, Benjamin, Adorno
CITY
SANS SANG
HOMÈRE, ILIADE
CETTE HISTOIRE-LÀ
EMMAÜS
MR GWYN
LES BARBARES. Essai sur la mutation
TROIS FOIS DÈS L'AUBE
UNE CERTAINE VISION DU MONDE. Cinquante livres que j'ai lus et aimés (2002-2012)
LA JEUNE ÉPOUSE
SMITH & WESSON
THE GAME

Aux Éditions Albin Michel

NEXT

LES BARBARES

ALESSANDRO BARICCO

LES BARBARES

Essai sur la mutation

*Traduit de l'italien
par Françoise Brun et Vincent Raynaud*

GALLIMARD

Titre original :
I BARBARI
© *Alessandro Baricco, 2006. Tous droits réservés.*
© *Éditions Gallimard, 2014, pour la traduction française.*

PRÉFACE À L'ÉDITION FRANÇAISE

J'ai écrit ce livre en 2006 sous forme d'épisodes. Tous les cinq ou six jours, j'en publiais un chapitre dans *La Repubblica*, le quotidien italien auquel je collabore. J'écrivais en direct, ce qui signifie que, lorsqu'un épisode paraissait, je n'avais pas encore rédigé le suivant : les commentaires à chaud que je lisais en ligne, les réactions d'amis, de parents ou de voisins pouvaient donc modifier chaque jour ce que je pensais et par conséquent le livre lui-même. C'est une curieuse façon d'écrire un livre. Aujourd'hui, avec quelques années de recul, je peux dire que c'était une façon plutôt *barbare*, comme si, pour étudier les dauphins, j'avais entrepris de vivre à la manière des dauphins. Quoi qu'il en soit, je me rappelle que cela m'était venu assez facilement.

Déjà, alors même que je l'écrivais, un épisode après l'autre, puis par la suite, lorsqu'il est paru en un seul volume, *Les barbares* a beaucoup fait discuter, il y a eu de nombreuses polémiques. À l'évidence, il traitait d'un sujet qui intéressait tout le monde et dont il était urgent de débattre : l'impression que notre planète était victime d'une sorte d'apocalypse culturelle, d'une spectaculaire plongée dans une barbarie nouvelle. Face à un tel phénomène, le trouble, voire la terreur, était tel qu'il m'a fallu un certain temps pour faire comprendre que mon livre *n'était pas* une critique des barbares : patiemment, j'ai souvent dû expliquer que je l'avais au contraire écrit pour tenter de comprendre les barbares, au cas où ils aient en fait raison, eux. Quand j'expliquais cela, mon interlocuteur du moment (un intellectuel ou un journaliste) sombrait fréquemment dans un abîme d'indignation et de désapprobation, à croire que je venais de lui soustraire ses cadeaux de Noël. Et en effet, je lui avais soustrait une bonne raison de s'indigner et d'afficher son mépris, ce qui, on le voyait bien, ne lui plaisait guère. C'est une chose dont je suis très fier : après *Les barbares*, beaucoup de gens ont été forcés d'accepter qu'ils ne pourraient plus s'en tirer avec l'habituel sermon sur les jeunes qui ne lisent plus, qui vont dans les fast-foods et ignorent qui est Michelangelo Antonioni. Désormais, avant de prendre de haut ce qui se passe, ils devraient transpirer au moins un peu.

Dans la mesure où les maisons d'édition sont pour bon nombre d'entre elles des forteresses de la (sublime) civilisation que les barbares sont en train de transformer (à plus ou moins juste titre), il m'est régulièrement arrivé d'avoir du mal à obtenir que ce livre fût traduit. Il doit s'agir d'une forme inconsciente d'autoprotection. Ou peut-être que je surestime la qualité de mon travail, je ne sais pas. Le fait est qu'il a fallu sept ans, par exemple, pour qu'il soit traduit en anglais, et huit pour avoir le plaisir et le privilège de tenir dans mes mains l'édition française que vous avez devant vous. Une éternité, pour un livre qui parle du présent en essayant d'entrevoir l'avenir. Naturellement, entre-temps, beaucoup de choses ont changé. Twitter, en particulier, n'existait pas encore (le réseau est né dans ces mois-là, pour être tout à fait précis), et l'idée d'une catastrophe économique imminente apparaissait aussi saugrenue que d'imaginer que nous puissions être les descendants de Martiens perdus dans l'espace. Toutefois, je n'ai pas tenté de corriger les erreurs, de mettre à jour les exemples ni d'ajouter des chapitres consacrés aux dernières nouveautés : je voudrais que ce livre soit lu comme un livre de 2006, avec l'avantage supplémentaire de savoir ce qui s'est passé ensuite. J'aurais tenté de le corriger si je l'avais jugé dépassé : mais je reste persuadé que les thèses fondamentales défendues par le livre continuent à graviter non loin du cœur de ce qui se passe sur notre planète.

Si vous deviez vous apercevoir que ce n'est pas le cas, prévenez-moi.

A. B.
Mai 2014

Début

On ne dirait pas, mais ceci est un livre. Je me suis dit que j'aimerais bien en écrire un, mais sous forme d'épisodes, dans un quotidien, parmi les morceaux de monde qui transitent chaque jour par ces pages. C'est la fragilité de la chose qui m'attirait. Comme d'écrire en plein air, debout en haut d'une tour : les gens vous regardent et le vent souffle, puis ils continuent leur chemin, car ils ont autre chose à faire. Et vous, vous êtes là, sans pouvoir corriger, revenir en arrière ni refaire le plan. Ça vient comme ça vient. Et, le lendemain, ça part envelopper la salade ou ça devient un chapeau de maçon. S'ils s'en font toujours, des chapeaux en papier journal – petits bateaux voguant sur le littoral de leur visage.

Parfois, et pas uniquement dans le travail, on recherche une forme de sobriété. Sans doute une façon de retrouver une certaine authenticité.

Quoi qu'il en soit, je ne veux pas qu'il y ait de malentendu : ceci n'est pas un roman. Le roman-feuilleton n'est pas un genre qui m'attire. Ce sera donc un essai, au sens littéral du terme, c'est-à-dire une tentative. De penser. En écrivant. Il y a des choses que j'ai envie de comprendre concernant ce qui se passe autour de nous. Quand je dis « autour de nous », je veux parler de la minuscule portion de monde dans laquelle j'évolue : des gens qui ont fait des études, des gens qui font des études, qui écrivent des romans ou montent des spectacles, des intellectuels, en somme. Un fichu monde, à bien des égards, mais c'est là que les idées finissent toujours par venir paître et c'est le terreau dans lequel j'ai été semé, moi. Les autres, cela fait un bout de temps que j'ai perdu le contact avec eux : c'est dommage, mais c'est ainsi. On s'épuise déjà à comprendre sa petite motte de terre, on n'a donc plus guère de forces pour comprendre le reste du champ.

Pourtant, chacune de ces mottes renferme peut-être le champ entier, pour peu qu'on sache la déchiffrer.

Bref, il y a là quelque chose que j'ai envie de comprendre. Au début, ce livre, je pensais l'intituler : *La mutation*. Mais je n'ai pas réussi à trouver autour de moi une seule personne à qui ce titre plaise, même un peu. Tant pis. Néanmoins, il était pertinent. Car c'était justement ça, ce que je voulais comprendre : en quoi elle consiste, cette mutation que je vois autour de moi.

S'il fallait résumer, je dirais ceci : nous sentons tous dans l'air une apocalypse imminente et incompréhensible. Et, partout, le bruit court : les barbares arrivent. Je vois des esprits fins observer l'arrivée de cette invasion, l'œil fixé sur l'horizon télévisuel. Du haut de leur estrade, des professeurs compétents prennent la mesure, dans le silence de leurs élèves, des ruines laissées par le passage d'une horde que personne, en effet, n'est encore parvenu à voir. Et, autour de ce qu'on écrit ou de ce qu'on imagine, flotte le regard perdu d'exégètes qui parlent, avec effroi, d'une terre saccagée par des prédateurs sans culture ni Histoire.

Les barbares, en somme.

Or, dans le monde où je vis, si l'honnêteté intellectuelle est une denrée rare, l'intelligence ne l'est pas, elle. Ils ne sont pas tous devenus fous. Ce qu'ils voient existe. Mais ce qui existe, je n'arrive pas à le voir du même œil. Quelque chose ne me convainc pas.

Ce pourrait être, je m'en rends compte, le duel normal entre générations, les anciens qui résistent à l'invasion des plus jeunes, le pouvoir en place qui défend ses positions en accusant de barbarie les forces émergentes, comme c'est toujours arrivé et comme on l'a vu à de multiples reprises. Mais, cette fois, ça semble différent. Un duel si violent qu'il paraît nouveau. D'habitude, on se bat pour contrôler des points stratégiques sur la carte. Aujourd'hui, les agresseurs font quelque chose de plus radical, qui va plus en profondeur : *ils sont en train de redessiner la carte*. C'est peut-être même déjà fait. L'impression a dû être la même quand, par exemple, naissaient les Lumières, ou encore à l'époque où le monde entier se découvrit brusquement romantique. Nul déplacement de troupes, nul fils tuant le père. Mais des mutants, qui remplaçaient un paysage par un autre et y créaient leur habitat.

Peut-être sommes-nous dans un tel moment. Et que ceux que nous appelons barbares sont une espèce nouvelle, qui a des branchies derrière les oreilles et qui a décidé de vivre sous l'eau. Évidemment, du dehors, avec nos petits poumons, le sentiment que nous en retirons est celui d'une apocalypse imminente. Là où eux respirent, nous mourons. Et quand nous voyons nos enfants jeter vers l'eau des regards d'envie, nous avons peur pour eux et nous nous lançons aveuglément contre ce que nous parvenons seulement à entrevoir, l'ombre d'une horde barbare qui arrive. Pendant ce temps, sous notre aile, lesdits enfants respirent déjà n'importe comment, ils se grattent derrière l'oreille comme s'il y avait là quelque chose à libérer.

C'est pour cette raison que j'ai envie de comprendre. Je ne sais pas. C'est peut-être aussi à cause de cet asthme étrange qui me vient de plus en plus souvent, et cette drôle de tendance à nager longtemps sous l'eau, sans que me viennent pour autant les branchies qui me sauveraient.

Bref. Ces branchies, j'aimerais bien les examiner de près. Et j'aimerais étudier cet animal qui se retire peu à peu de la terre ferme, qui devient peu à peu poisson. Je voudrais scruter cette mutation, non pour en expliquer l'origine (c'est impossible), mais pour parvenir, fût-ce de loin, à la *dessiner*. Comme un naturaliste d'autrefois, qui dessinait sur son carnet une nouvelle espèce découverte dans une petite île d'Australie. Aujourd'hui, j'ouvre mon carnet.

Vous n'y comprenez rien ? Normal, le livre n'a même pas commencé.

C'est un voyage pour des voyageurs patients, un livre.

Souvent les livres commencent par un rituel que j'aime beaucoup, qui consiste à choisir une épigraphe.

C'est ce genre de petite phrase ou de citation qu'on met en première page, juste après le titre et l'éventuelle dédicace, et qui sert de viatique, de bénédiction. Par exemple, voici l'épigraphe d'un livre de Paul Auster :

> L'homme n'a pas une seule et unique vie ; il en a plusieurs mises bout à bout, et c'est sa misère. (Chateaubriand.)

Elles ont souvent ce genre d'effet : même quand c'est une ânerie, on y croit. C'est apodictique, pour le dire dans la langue de ceux qui respirent avec les poumons.

Moi, j'aime bien celles qui tracent les limites. Celles qui vous permettent de comprendre à peu près sur quel terrain un livre va se jouer. Lorsqu'il s'est agi de choisir une épigraphe pour *Moby Dick*, le grand Melville a eu la main un peu lourde et a fini par sélectionner quarante citations. Voici la première :

> Et Dieu créa les grandes baleines. (Genèse.)

Et voici la dernière :

> Oh la baleine grande et fière, / dans le vent et la tempête, / oh le géant qui sait dominer la mer infinie ! (Chant de baleiniers.)

Je crois que c'était pour faire comprendre qu'il y aurait le monde entier dans ce livre, de Dieu aux pets des marins de Nantucket. En tout cas, c'était son programme, à Melville.

Âme candide ! dirait Vonnegut, point d'exclamation compris.

Et donc, pour ce livre, j'aurais choisi quatre épigraphes. Juste pour marquer les limites du terrain de jeu. Voici la première : elle vient d'un livre magnifique. Il a été écrit par Wolfgang Schivelbusch et s'intitule *La culture des vaincus*[1]. Voilà ce qu'il dit, entre autres :

> *La crainte d'être envahi et détruit par des hordes de barbares est vieille comme l'histoire de l'humanité. Les images de désertification, de parcs saccagés par des nomades et de constructions en ruine au milieu desquelles paissent des moutons sont récurrentes dans la littérature de la décadence, de l'Antiquité jusqu'à aujourd'hui.*

Recopiez et mettez de côté.

Deuxième épigraphe : la deuxième épigraphe, vous la trouverez dans le prochain chapitre.

Qu'est-ce qu'il y a comme vent, sur cette tour...

---

1. Wolfgang Schivelbusch, *Die Kultur der Niederlage : Der amerikanische Süden 1865, Frankreich 1871, Deutschland 1918*, Fest, 2001. Non traduit en français. (*Toutes les notes ont été rédigées par les traducteurs.*)

ÉPIGRAPHES

Épigraphes 1

La deuxième épigraphe de ce livre vient de loin. 7 mai 1824. À Vienne, Beethoven présente la *Neuvième Symphonie*. J'aimerais raconter les choses telles qu'elles se sont réellement passées ce jour-là, mais pas ici, ce n'est pas le lieu. Tôt ou tard, je le ferai. « Ah ! Que de choses qui sont mortes... qui sont nées ! » : une réplique de Roxane dans *Cyrano de Bergerac*, qui s'appliquerait très bien à cette soirée où, pour la première fois, des humains écoutèrent « L'Hymne à la joie » (quelques-uns, car les autres, épuisés, s'étaient éclipsés à la moitié du concert). Il y a des moments comme ça. Un jour ou l'autre, il faudra les raconter. Mais pas maintenant.

Certes, mais il y a tout de même une chose que je voudrais vous dire, car elle a un rapport avec les barbares, il me semble : c'est que, ce soir-là, Beethoven était allé au théâtre vêtu d'un frac vert, car il n'en possédait pas d'autre qui eût une teinte plus décente, plus respectable, et il avait été obligé de porter celui-là. En sortant de chez lui, son principal souci était donc ce qu'on dirait de la couleur tragiquement verte de ce frac. Mais son secrétaire, qui s'appelait Schindler, le rassura et lui dit qu'il n'avait pas à s'inquiéter, la salle serait sûrement plongée dans le noir et il était peu probable que les gens remarquassent la couleur de son frac. Qui, en l'ocurrence, était vert.

Et c'est ce qui arriva. Quand j'en serai au vingtième épisode de ce livre, il me sera plus facile de vous expliquer en quoi l'anecdote est importante. Ce sera dans quelques mois, j'imagine, mais vous n'aurez alors aucune difficulté à comprendre cette phrase : *c'était aussi comme cela qu'on s'habillait.* Promis.

Bref. Ce n'était pas de cela que je voulais parler. J'en étais à la deuxième épigraphe. Il y eut donc la *Neuvième* de Beethoven, et il est intéressant de voir comment elle fut reçue. Par les gens, par les critiques, par tout le monde. C'était un de ces moments où les humains découvrent qu'ils ont des branchies derrière les oreilles et commencent timidement à penser qu'ils seraient peut-être mieux dans l'eau. Ils étaient au seuil d'une mutation fatale (plus tard, nous l'avons appelée *romantisme* et nous n'en sommes toujours pas sortis). Il est donc important d'aller voir ce qu'on dit et pensa à cette occasion. Et voici ce qu'en écrivit un critique londonien, l'année suivante, quand il put enfin lire et entendre la *Neuvième.* Ce n'était pas un imbécile, je tiens à le souligner, il écrivait pour une revue qui faisait autorité et s'appelait *The Quarterly Musical Magazine and Review.* Il écrivit ce qui suit et que je place en guise de deuxième épigraphe :

L'élégance, la pureté et la mesure, qui étaient les principes de notre art, se sont peu à peu rendues au nouveau style, frivole et affecté, que cette époque au talent superficiel a adopté. Des cerveaux, qui, par éducation et par habitude, ne savent penser à rien d'autre qu'aux vêtements, à la mode, aux potins, à la lecture des romans et à la dissipation morale, peinent à ressentir les plaisirs, plus élaborés et moins fébriles, de la science et de l'art. Beethoven écrit pour ces cerveaux-là et semble y rencontrer un certain succès, si j'en crois les éloges que, de toute part, j'entends fleurir à propos de sa dernière œuvre.

Voilà[1].

Ce qui me fait sourire, c'est que la *Neuvième*, de nos jours, est précisément l'un des plus hauts bastions de la citadelle qui sera bientôt assaillie par les barbares. Cette musique est devenue un drapeau, un hymne, la forteresse suprême. Elle est notre civilisation. Eh bien, j'ai une information à son sujet. Il fut un temps où la *Neuvième* était le drapeau des barbares ! Elle et, avec elle, les lecteurs de romans : tous des barbares ! Quand les gens les voyaient surgir à l'horizon, ils couraient cacher leurs filles et leurs bijoux ! Ça fait un choc. (Juste comme ça, en passant : comment en est-on arrivé à penser que les barbares sont ceux qui *ne lisent pas* de romans ?)

Toujours à propos de la *Neuvième*, écoutez ça. Pourquoi les CD ont-ils cette taille, pourquoi contiennent-ils cette quantité-là de musique et pas une autre ? C'est vrai, quand on les a inventés, on aurait pu les faire plus gros, ou plus petits. Réponse : en 1982, chez Philips, quand il fallut décider, on se dit : la *Neuvième* de Beethoven doit y tenir tout entière. C'était un support de douze centimètres dont on avait besoin à l'époque, pour y

---

1. En français dans le texte.

parvenir. Ainsi naquit le CD. Aujourd'hui encore, un disque de Madonna, par exemple, s'aligne sur la durée de cette symphonie.

Bizarre, non ? Mais est-ce vrai ? Je n'en sais rien. J'ai lu cela dans une revue française qui s'appelle *L'Écho des savanes* et dans laquelle il y avait des femmes nues et des BD toutes les trois pages. Quand on est assis dans le train, au milieu des voyageurs, ce n'est pas une lecture facile, surtout pour quelqu'un qui a reçu une éducation catholique. Quoi qu'il en soit, ce qui compte, c'est ceci : l'anecdote de Philips, même si elle n'est pas entièrement véridique, énonce une vérité, à savoir le caractère absolument totémique de la *Neuvième*. Et elle le dit d'une manière synthétique, que je n'ai trouvée nulle part, dans des dizaines de livres sans aucune photo de femme nue. Cette idée me plaît et elle a un rapport avec ce livre. Quelle est donc cette forme nouvelle de vérité, sans doute imaginaire, mais tellement exacte qu'elle dispense de toute vérification ? Et pourquoi là, parmi les fesses et les nichons à l'air ? C'est une chose sur laquelle je reviendrai dans le troisième chapitre de ce livre, si j'y arrive. Je dois d'abord bien comprendre de quoi vont parler les deux premiers.

Ne vous en faites pas. Je fais semblant. J'ai un plan. Par exemple, je sais que j'irai écrire le dernier chapitre du livre sur la Grande Muraille de Chine.

Bien. Maintenant, passons à la troisième épigraphe.

Épigraphes 2

Résumons : ceci est un livre à épisodes, un essai sur l'arrivée des barbares. Pour le moment, j'en suis encore à la première page, celle où l'on place les épigraphes. J'en ai déjà donné deux. Reste la troisième. La troisième, je la dois à Walter Benjamin. Et là, une parenthèse s'impose.

Walter Benjamin, je le dis pour ceux qui ne le connaissent pas, était allemand (c'est pourquoi son nom ne se prononce pas « ben-djamine », il ne venait pas du Connecticut). Né à Berlin en 1892 et mort quarante-huit ans plus tard, suicidé. De lui, on pourrait dire qu'il fut le plus grand critique littéraire de l'histoire de la critique littéraire. Mais ce serait réducteur. En réalité, c'était quelqu'un qui étudiait le monde. La manière de penser du monde. À cette fin, il se servait souvent des livres qu'il lisait, car ils lui semblaient constituer une fenêtre privilégiée sur l'esprit du monde. Mais en réalité il pouvait aussi bien se servir de n'importe quoi d'autre : la magie de la photographie, les publicités de soutien-gorge, la topographie de Paris ou ce que les gens mangeaient.

Il écrivait beaucoup, de manière quasi obsessionnelle, mais n'arriva pratiquement jamais à concevoir un beau livre, complet et achevé : ce qu'il a laissé derrière lui, c'est une masse énorme de notes, d'articles, d'aphorismes, de recensions, d'essais et des tables des matières de livres jamais écrits. De quoi rendre fou un éditeur. Il vécut affligé par la constatation qu'il n'y avait pour lui aucun endroit sûr avec un salaire : les universités, les journaux, les éditeurs et les fondations lui faisaient beaucoup de compliments, mais sans jamais trouver le moyen de travailler avec lui. Alors il se résigna à vivre éternellement dans l'indigence. Il disait que cela lui avait au moins réservé un privilège subtil : se lever chaque matin quand bon lui semblait. Mais il ne le vivait pas si bien que cela. Encore une chose : il était juif et marxiste. Pour un Juif marxiste, l'Allemagne nazie n'était pas le meilleur endroit où vieillir tranquillement.

Dans le contexte de ce livre, il y a une chose, à son sujet, qui me paraît essentielle. Ce n'est pas facile à expliquer, donc asseyez-vous ou sinon interrompez la lecture et reprenez quand vous aurez récupéré vos neurones. Voilà : il n'essayait jamais de comprendre le monde tel qu'il *était* mais, toujours, tel qu'il *allait devenir*. Dans le présent, ce qui le fascinait, c'étaient les indices de ce qui allait le faire disparaître, ce présent. C'étaient les transformations qui l'intéressaient : les moments où le monde se reposait lui étaient complètement indifférents. De Baudelaire aux publicités, toute chose sur laquelle il se penchait devenait la prophétie d'un monde à venir et l'annonce d'une nouvelle civilisation.

Je vais essayer d'être plus précis : pour lui, comprendre ne voulait pas dire placer l'objet étudié sur la carte connue du réel en définissant ce qu'il était, mais deviner en quoi cet objet-là allait modifier la carte au point de la rendre méconnaissable. Ce qui le réjouissait, c'était de chercher l'endroit exact où une civilisation rencontre un point d'appui qui va la faire pivoter sur elle-même et la transformer en un paysage nouveau, inimaginable. C'était son idée fixe à lui, décrire ce mouvement titanesque, invisible pour la majorité des gens et au contraire si évident pour lui. Il photographiait les choses en devenir et c'est aussi pour cette raison que toutes ses photos apparaissent, comment dire, un peu floues et donc inutilisables par des institutions qui versaient un salaire, c'étaient des clichés objectivement rébarbatifs pour ceux qui les regardaient. Il était le génie absolu d'un art très particulier autrefois appelé prophétie et qu'il serait plus approprié aujourd'hui d'appeler l'art de déchiffrer les mutations un instant avant qu'elles ne surviennent.

Un type comme lui pouvait-il ne pas figurer parmi les épigraphes de ce livre ? Non.

Voici donc la troisième épigraphe. (Là, vous pouvez vous lever et vous détendre.) Je me suis souvent dit que ç'aurait été utile, quelqu'un comme lui, diablement utile après la guerre, quand tout a explosé et que nous avons commencé à devenir ce que nous sommes. C'est affreux de penser qu'il n'a pas connu la télévision, Elvis, le rideau de fer, le magnétophone, le fast-food, JFK, Hiroshima, le four à micro-ondes, le droit à l'avortement, John McEnroe, les costumes Armani, Spider-Man, le bon pape Jean XXIII et bien d'autres choses encore.

Vous imaginez ce qu'il aurait fait d'un tel matériau ? Il nous aurait expliqué les choses (toujours à sa façon un peu floue) avec des années d'avance. Par exemple, c'était quelqu'un qui, dès 1963, aurait pu prophétiser sans trop d'efforts l'avènement de la télé-réalité. Mais cela tourna autrement. Benjamin se donna la mort dans un minuscule village à la frontière entre la France et l'Espagne. C'était en septembre 1940. Il avait fini par se persuader qu'il devait, tout compte fait, échapper au délire guerrier des nazis, et son idée était d'aller au Portugal puis, de là, bien malgré lui, de passer en Amérique. Il y eut un problème de visas. On l'arrêta à la frontière et on le laissa un peu mariner. Et, pendant la nuit, il se dit que l'idée n'était peut-être pas si bonne. Alors il mit fin à ses jours en avalant une dose létale de morphine. Le visa arriva le lendemain, avec les coups de tampon et le reste. Il aurait pu être sauvé. Une fin shakespearienne.

De temps en temps (chaque fois je me fais avoir), mon fils me demande : qui gagne, le plus fort ou le plus intelligent ? Bonne question. Marie Curie ou Mike Tyson ? D'habitude, je réponds Marie Curie, parce que c'est la réponse politiquement correcte et que, à en croire les hebdomadaires d'actualité, je suis un parfait spécimen de bien-pensance de gauche. Mais là, non, je dois le souligner. Dans l'histoire de Benjamin, le plus fort gagna. Il était l'homme le plus intelligent qui fût. Et il perdit. C'est comme ça.

Je n'ai pas oublié l'épigraphe, j'y viens. Quand je pense à ce que nous avons perdu avec la mort de Benjamin, je le fais parce que je sais que, tout érudit qu'il était, ça ne l'aurait pas dégoûté de travailler sur Spider-Man ou sur McDonald's. Je veux dire qu'il a été un des premiers à penser que l'ADN d'une civilisation ne se construit pas seulement dans les spires de ses sentiments les plus élevés mais aussi, voire surtout, dans ses détours les plus insignifiants. Ce n'était pas un bigot de la culture : c'était un laïc absolu. En cela, il représente sans aucun doute un modèle : dans cette capacité qu'il avait de mettre à nu le nerf du monde aussi bien chez Baudelaire que dans un manuel de jardinage (ce qu'il a fait réellement), il y a un choix du terrain qui est comme une leçon définitive. Pour moi, elle se résume en une image, presque un *frame*, une vision éclair qui m'est venue, comme par traîtrise, dans une librairie de San Francisco. Pour tout dire, c'était la librairie de Lawrence Ferlinghetti, la mythique City Lights.

J'étais là, feuilletant des livres juste pour le plaisir, et à un moment je tombe sur l'édition américaine des écrits de Benjamin[1]. C'est énorme, en réalité, mais là il n'y en avait que deux volumes au hasard. J'ouvre et je feuillette. Face au grand désordre des papiers de Benjamin, les Américains (comme les Italiens, d'ailleurs) s'en sont tirés en publiant une sélection chronologique.

J'avais dans les mains l'année 1931. Je suis allé consulter l'index, car la succession de ses titres est déjà, à elle seule, une leçon :

---

1. Walter Benjamin, *Selected Writings*, The Belknap Press, Harvard University Press, 2006.

Critique de la nouvelle objectivité
Hofmannsthal et Alceo Dossena
Karl Kraus
La critique comme discipline fondamentale de l'histoire littéraire
Lettres allemandes
Critique théologique
Je sors ma bibliothèque des cartons
Franz Kafka
Petite histoire de la photographie
Paul Valéry

Je lisais et c'était jouissif. La liste des courses écrite par un génie. Après, il y avait :

Le tremblement de terre de Lisbonne
Le caractère destructeur
Réflexions sur la radio

Ah, tiens, la radio, me disais-je, quand je suis arrivé au titre suivant. Et le titre suivant était un titre que j'attendais peut-être depuis des années, que pendant des années probablement j'avais rêvé de lire parmi ceux de Benjamin, sans jamais l'y trouver pour de bon, certes, mais sans perdre espoir non plus. Et là, je le vois :

Mickey Mouse

C'est vrai que, aujourd'hui, ne serait-ce que regarder *Le Monde de Narnia* m'émeut, mais quand même, là, dans cette librairie, la librairie de Ferlinghetti, j'ai été

ému. Mickey. Il existe un fragment de Benjamin intitulé : Mickey. Cet homme avait traduit Proust, il avait compris de Baudelaire plus qu'on n'en avait jamais compris avant lui, il avait écrit un livre fondamental sur le drame baroque allemand (et il était presque le seul à savoir ce que c'était), il passait son temps à retourner Goethe comme une chaussette, il récitait Marx par cœur, adorait Hérodote, faisait cadeau de ses idées à Adorno et, à un moment, cet homme s'est dit que pour comprendre le monde – comprendre le monde, pas seulement être un érudit parmi d'autres – il pourrait être utile de comprendre qui ? Mickey.
La voilà, ma troisième épigraphe.

« Mickey Mouse » (W. Benjamin).

Comme ça, propre et nette, telle qu'elle m'est apparue ce jour-là à San Francisco.

« Mickey Mouse » (W. Benjamin).

On l'a compris : ce livre ne reculera devant rien.
(Et maintenant, si vous ne mourez pas d'envie de savoir ce que Benjamin a écrit sur Mickey, alors vous avez un problème. Or, avec un certain plaisir, je peux dire, si je ne me trompe pas, que cette page ne figure pas dans l'édition italienne. Par conséquent, si vous voulez la lire, vous devrez attendre le prochain épisode. C'est là que je la mettrai, comme bonus. Hé hé.)

Épigraphes 3

Comme je l'ai promis, je dois donc vous faire lire la page de Walter Benjamin consacrée à Mickey Mouse. Ne vous attendez pas à je ne sais quoi. Déjà, c'est une page de son journal, donc des notes qu'il prenait pour lui-même, histoire de ne rien oublier. Et puis, pour un cerveau comme celui de Benjamin, Disney devait être bien plus difficile à comprendre que, mettons, Goethe. Ça me rappelle ce que répondait Glenn Gould, quand on lui demandait pourquoi il n'aimait pas le rock : « Je n'arrive pas à comprendre les choses trop simples. » Il y a des cerveaux faits comme ça.

Il n'en demeure pas moins que Benjamin aurait parfaitement pu s'éviter toute réflexion sur Mickey, mais il s'y intéressa quand même, et c'est, comme je le disais, une leçon. Et ce qu'il a écrit est une sorte d'objet fétiche. Je le cite ici, intégralement :

Extrait d'un entretien avec Gustav Glück et Kurt Weill.
– Rapports de propriété dans les films de Mickey : ici, il apparaît pour la première fois qu'on peut se faire voler son propre bras et même son propre corps.

Le parcours de Mickey a beaucoup plus de ressemblances avec une démarche administrative qu'avec celui du coureur de marathon.

Dans ces films, l'humanité se prépare à survivre à la civilisation.

Mickey montre que la créature peut encore subsister, quand bien même elle s'est dépouillée de toute apparence humaine. Il brise cette hiérarchie des créatures dont l'être humain serait le sommet.

Ces films refusent toute valeur à l'expérience, plus radicalement que jamais auparavant. Il ne vaut pas la peine de faire des expériences dans un tel monde.

Analogies avec le conte ? Non, car les éléments les plus significatifs des contes sont évoqués de façon moins symbolique et suggestive. Irréductible opposition avec Maeterlinck et Mary Wigman. Le sujet de tous les films de Mickey est l'enseignement de la peur, de la fuite.

La raison de leur énorme succès n'est donc pas la mécanisation, ni le formel, ni un malentendu, mais bien que le public y reconnaît sa propre vie.

C'est vrai, on ne comprend pas grand-chose. Mais il y a au moins deux phrases que j'aime beaucoup. La première et la dernière. La première est précieuse parce qu'elle explique de quoi parlaient deux cerveaux comme Benjamin et Kurt Weill quand ils se rencontraient : ils parlaient de Walt Disney (peut-être pas toujours, mais au moins une fois).

Dans sa candeur, la dernière m'émeut parce que j'y vois toute la grande machinerie de la pensée marxiste se pencher héroïquement sur les dernières imbécillités

américaines, dans l'intention sublime d'en extraire les raisons de leur succès, tel un éléphant qui tenterait de passer par le trou du lavabo. Je vois Benjamin qui relit, enlève ses lunettes, puis éteint la lumière et se dit : bon, c'est peut-être un peu tiré par les cheveux, non ?
Fin de la parenthèse Benjamin.

La quatrième et dernière épigraphe de ce livre, je la vole à un autre grand maître. Cormac McCarthy. Le temps passe, mais, de son fief d'El Paso, notre Faulkner à nous continue de pondre des chefs-d'œuvre. Un de ses derniers grands romans s'intitule *No Country for Old Men* (« *Non, ce pays n'est pas pour le vieil homme* »). Le maître doit avoir pensé que ce n'était plus un temps pour la poésie et les visions, et il a dégraissé son histoire tant qu'il a pu puis, arrivé à l'os, il nous l'a jetée. Le lecteur a ce type d'impression : vous étiez venu le trouver pour savoir ce qu'il pensait de ce monde et, sans même vous saluer, derrière sa barrière, il vous accueille à coups de fusil. Alors vous faites demi-tour et vous repartez.

Magnifiques, quand même, les coups de fusil. C'est l'histoire d'une chasse à l'homme : un vieux shérif poursuit un tueur sans pitié. Pour moi le shérif appartient à la galerie des grands personnages de roman. Le tueur, lui, est sans pitié d'une manière si radicale, immorale et démoniaque, que le vieux shérif arrive seulement à dire : « J'ai pensé que je n'avais jamais vu quelqu'un de pareil et je me suis dit que c'était peut-être une nouvelle espèce. » Déjà, en soi, ça pouvait faire une belle épigraphe, pour un livre qui essaie de comprendre les barbares qui arrivent. Mais j'ai choisi une autre citation.

Parce qu'elle est encore plus dure. C'est un coup de feu.

C'était facile de lui parler. Il m'appelait Shérif. Mais je ne savais pas quoi lui dire. Quoi dire à un type qui de son propre aveu n'a pas d'âme ? À quoi bon lui parler ? J'ai pas mal réfléchi à tout ça. Mais lui c'était rien comparé à ce qui allait nous tomber dessus[1].

Boum.

Et voilà, j'ai choisi mes quatre épigraphes. Non que je veuille remplir de la place sans me fatiguer, mais j'aimerais les citer maintenant l'une sous l'autre, car en un certain sens elles forment une longue phrase unique et balisent l'espace à l'intérieur duquel viendra paître ce livre. Il faudrait les lire en une seule et longue respiration de l'esprit.

La crainte d'être envahi et détruit par des hordes de barbares est vieille comme l'histoire de l'humanité. Les images de désertification, de parcs saccagés par des nomades et de constructions en ruine au milieu desquelles paissent des moutons sont récurrentes dans la littérature de la décadence, de l'Antiquité jusqu'à aujourd'hui. (W. Schivelbusch.)

L'élégance, la pureté et la mesure, qui étaient les principes de notre art, se sont peu à peu rendues au nouveau style, frivole et affecté, que cette époque au talent super-

---

1. Cormac McCarthy, *Non, ce pays n'est pas pour le vieil homme* (traduit par François Hirsch), Éditions de l'Olivier, 2007.

ficiel a adopté. Des cerveaux, qui, par éducation et par habitude, ne savent penser à rien d'autre qu'aux vêtements, à la mode, aux potins, à la lecture des romans et à la dissipation morale, peinent à ressentir les plaisirs, plus élaborés et moins fébriles, de la science et de l'art. Beethoven écrit pour ces cerveaux-là et semble y rencontrer un certain succès, si j'en crois les éloges que, de toute part, j'entends fleurir à propos de sa dernière œuvre. (*The Quarterly Musical Magazine and Review*, 1825.)

Mickey Mouse. (W. Benjamin.)

C'était facile de lui parler. Il m'appelait Shérif. Mais je ne savais pas quoi lui dire. Quoi dire à un type qui de son propre aveu n'a pas d'âme ? À quoi bon lui parler ? J'ai pas mal réfléchi à tout ça. Mais lui c'était rien comparé à ce qui allait nous tomber dessus. (C. McCarthy.)

Voilà qui est fait. Maintenant ce livre peut commencer.

La première partie s'intitulera « Saccages ».

SACCAGES

Vin 1

Ils arrivent de partout, les barbares. Ce qui nous trouble un peu, si bien que nous avons du mal à réunir les pièces du puzzle, à constituer une image cohérente de l'invasion dans sa totalité. On se met à parler des grandes librairies, des fast-foods, de la télé-réalité, de la politique à la télévision, des jeunes qui ne lisent pas et d'autres choses de cet ordre, mais ce que nous n'arrivons pas à faire, c'est regarder d'en haut et reconnaître le dessin que les innombrables villages saccagés tracent à la surface du monde. Nous voyons les saccages, mais nous ne voyons pas l'invasion. Et nous ne parvenons donc pas à la comprendre.

Croyez-moi : c'est d'en haut qu'il faudrait regarder.

C'est d'en haut que, peut-être, on peut reconnaître la mutation génétique, c'est-à-dire les mouvements profonds qui causent ensuite, à la surface, les dégâts que nous observons. Je vais essayer de le faire en isolant certaines opérations qui me semblent communes à bon nombre des actes barbares auxquels nous assistons depuis quelque temps. Des opérations qui suggèrent une logique précise, bien que difficile à comprendre, et une stratégie claire, bien qu'inédite. Je voudrais étudier ces saccages, moins pour expliquer comment c'est arrivé et ce qu'on peut faire pour s'en sortir en restant debout, que pour y déchiffrer la manière de penser des barbares. Et je voudrais étudier les mutants avec leurs branchies afin de voir se refléter en eux l'eau dont ils rêvent et qu'ils recherchent.

Partons d'une impression assez répandue, peut-être superficielle, mais légitime : loin d'agoniser, beaucoup de gestes qui ont fait partie pendant des années des habitudes les plus élevées de l'humanité se multiplient aujourd'hui avec une vitalité surprenante. Le problème est que, dans cette régénérescence fertile, ils semblent perdre le trait le plus profond qui les caractérisait, la richesse à laquelle ils étaient arrivés dans le passé, et peut-être même leur plus intime raison d'être. Comme s'ils vivaient indépendamment de leur sens : celui qu'ils avaient, et bien défini, mais qui semble être devenu inutile. Une perte de sens.

Ils n'ont pas d'âme, les mutants. Et les barbares n'en ont pas non plus. C'est ce qu'on dit. C'est ce qu'affirme le shérif de Cormac McCarthy en pensant à son tueur : « Quoi dire à un type qui de son propre aveu n'a pas d'âme ? »

Pourquoi ne pas étudier la question de plus près ? J'ai choisi trois domaines particuliers où ce phénomène semble s'être manifesté au cours des dernières années : le vin, le football et les livres. Je me rends bien compte que, dans les deux premiers cas en particulier, nous ne sommes pas face à des gestes essentiels de notre civilisation. Mais c'est précisément ce qui me plaît : étudier les barbares à travers leur saccage des villages périphériques, pas à travers leur assaut contre la capitale. Il est possible que là où la bataille est plus simple, circonscrite, il soit plus facile de saisir la stratégie de l'invasion et les gestes fondateurs de la mutation.

Commençons donc par le vin. Je sais que ceux qui baignent dedans (pas littéralement) liront ici des choses qu'ils savent déjà, tandis que ceux qui n'en boivent pas se demanderont pourquoi diable s'intéresser à une chose dont eux se fichent complètement. Mais je vous demande tout de même de me suivre.

Voici l'histoire. Pendant des années, le vin a été une habitude dans quelques rares pays : c'était une boisson pour se désaltérer et s'alimenter. Usage très répandu et chiffres de consommation à faire peur. On produisait des fleuves de mauvais vins de table et ensuite, par passion et par culture, on se consacrait à l'art proprement dit, on faisait alors de grands vins. Il s'agissait presque uniquement des Français et des Italiens. Dans le reste du monde, il est bon de le rappeler, on buvait autre chose : de la bière, des alcools forts et aussi des choses plus bizarres. Le vin, on ne savait même pas ce que c'était.

Et voici ce qui se passa après la Seconde Guerre mondiale. De retour des champs de bataille français et italiens, les Américains rapportèrent chez eux (parmi bien d'autres choses) le plaisir et le souvenir du vin. C'était une chose qui les avait frappés. Nous avons commencé à mâcher du chewing-gum et eux à boire du vin. Ou, du moins, ils auraient bien aimé en boire. Mais où en trouver ?

41

Pas de problème. Un Américain eut l'idée folle d'en faire. Et là commence la partie intéressante de l'histoire. S'il vous faut une date, un nom et un lieu, les voici : 1966, Oakville, Californie. Un certain monsieur Mondavi décide de faire du vin pour les Américains. À sa manière, c'était un génie. Il partit avec l'idée de copier les meilleurs vins français. Mais il comprit bien qu'il fallait les adapter un peu au public américain : là-bas, le créateur et le spécialiste du marketing sont une seule et même personne. C'était un pionnier, il n'avait pas quatre générations d'artistes du vin derrière lui, et il en fit là où personne n'avait jamais imaginé produire autre chose que des pêches et des fraises. Autrement dit, il n'avait aucun tabou. Et, avec une certaine maestria, il atteignit son objectif.

Il savait que le public américain était profondément ignorant (en matière de vin). Des aspirants lecteurs qui n'auraient jamais ouvert un livre. Il savait aussi que c'étaient des gens qui mangeaient habituellement de façon sommaire, qu'ils ne ressentiraient pas la brûlante nécessité de trouver le bouquet idéal pour accompagner un confit de canard. Il se les représenta avec un bon gros cheeseburger et une bouteille de barbaresco, et il comprit que ça ne marcherait pas. Il comprit que, si les Américains voulaient du vin, ce serait pour le boire avant de manger, comme un cocktail, qu'un vin bu à la place d'un alcool fort ne devait pas les décevoir et que, s'il était bu à la place d'une bière, il ne devait pas les effrayer. Il était américain et il savait donc, avec ce même instinct que d'autres firent fructifier à Hollywood, que ce devait être un vin simple et spectaculaire. Une émotion pour tout le monde. Il le savait et, à l'évidence, il avait du talent : il voulait faire ce vin et il le fit.

Cela marcha si bien que son idée de vin fut un modèle. Qui n'a pas de nom, mais je peux lui en donner un, pour qu'on comprenne : un vin hollywoodien. Voici quelques-unes de ses caractéristiques : couleur magnifique, degré assez élevé (quand on vient des alcools forts, on n'est pas très porté sur le cidre), saveur ronde, simple, sans aspérités (pas de tanins ennuyeux ni d'acidité difficile à dompter). À la première gorgée, tout est là : on a une sensation de richesse immédiate, de plénitude de saveur et de parfum ; une fois bu, peu de persistance en bouche, les effets s'éteignent ; peu d'interférence avec la nourriture, on peut l'apprécier même en ne réveillant ses papilles qu'avec de simples chips de comptoir ; il est fait à partir de cépages cultivables à peu près partout, chardonnay, merlot, cabernet, sauvignon. Manipulé sans révérence excessive, il a une personnalité plutôt constante, où la différence entre les millésimes devient quasiment négligeable. Et voilà.

Avec cette idée de vin, M. Mondavi et ses adeptes sont parvenus à un résultat étonnant : les États-Unis boivent aujourd'hui plus de vin que l'Europe. En trente ans, ils ont quintuplé leur consommation (on leur souhaite d'avoir réduit celle de whisky). Et ce n'est pas tout : car le vin hollywoodien n'est pas resté un phénomène américain, comme Hollywood il est devenu planétaire. Nul n'y avait encore songé, mais voici qu'on boit du vin jusqu'au Cambodge, en Égypte, au Mexique, au Yémen et dans des endroits encore plus impensables. Et quel vin y boit-on ? Le vin hollywoodien. Quant à la France et à l'Italie, les deux patries du vin, elles n'en sont pas sorties indemnes : non seulement on y boit du vin hollywoodien en grande quantité, mais elles se sont même mises à en produire. Elles se sont adaptées, ont corrigé deux ou trois choses et ont fait le même genre de vin. Excellent, même, il faut le dire. Dans les villes italiennes, il est fréquent aujourd'hui de croiser dans les bars à vin un Italien qui, avant le dîner, grignote des chips et du minisaucisson en buvant son verre de vin hollywoodien produit en Sicile. Du moins ne le boit-il pas directement au goulot en regardant à la télé la dernière partie de base-ball.

Les barbares !

Si vous allez chez un grand producteur de vin à l'ancienne, un de ces Français ou de ces Italiens nés dans des familles où on ne servait jamais d'eau à table, qui vivent sur les mêmes collines depuis trois générations et s'endorment dans l'odeur du moût de raisin, un de ceux qui connaissent leur terre et leurs vignes mieux que ce qu'ils ont dans leur culotte ; si vous allez chez un de ces propriétaires porteurs d'une sagesse séculaire, qui ont une intimité parfaite avec le geste de la fabrication du vin ; si vous allez chez lui et que vous lui fassiez boire un verre de vin hollywoodien (peut-être même produit par lui), puis que vous lui demandiez ce qu'il en pense, il vous répondra : bof. Certains en disent parfois un peu plus, mais c'est toujours à interpréter.

Voilà comment j'interprète, moi : ça ne les intéresse pas. Pour eux, c'est à la fois amusant et sans importance. Ils admirent peut-être le truc, mais hochent la tête en pensant aux gens qui le boiront sans savoir ce qu'ils perdent. Puis ils vont dans l'arrière-salle se refaire la bouche avec un bon millésime. C'est comme de mettre Schumacher sur une piste de kart, de faire écouter *Let it be* à Glenn Gould, de demander à Ronald Reagan un avis sur Tarantino, d'interroger Pierre Boulez sur ce qu'il pense de Philip Glass. Ils ne le diront peut-être pas, mais ils le penseront : pas mal, ces barbares.

On pourrait y voir l'arrogance habituelle des vieux puissants, un banal syndrome du type : *après moi le déluge*[1]. Mais puisque le vin n'est pas la musique ou la littérature, que c'est un peu plus simple, vous pouvez faire l'essai, boire et vérifier, si vous avez un minimum de familiarité avec ce geste. Prenez un très bon barbaresco et buvez : vous avez sans doute une série de sensations sinon désagréables, du moins complexes. Sans doute voulez-vous vous raccrocher à quelque nourriture capable d'amortir ces sensations. Dès la gorgée suivante, tout a déjà changé (vous avez intercalé, par exemple, une tranche de rôti). Pendant ce temps, la première gorgée continue de travailler, et vous comprenez que goûter un vin est une affaire qui ne concerne pas seulement la première gorgée ou l'instant pendant lequel vous la buvez, mais tout le temps d'après, toute l'histoire que le vin vous raconte ensuite. Pendant le dîner, vous voyagez entre des sensations qui changent et qui vous portent, d'une certaine manière, qui vous récompensent, mais avec mesure, telle une forme de sadisme étrange et sophistiquée. Quand vous vous levez, on vous explique que c'était un barbaresco d'un cer-

---

1. En français dans le texte.

tain millésime et d'un certain domaine : une possibilité parmi tant d'autres. Et les autres possibilités sont d'autres mondes, d'autres découvertes, d'autres voyages. De quoi se retrouver piégé et se réveiller au bout d'un certain temps, avec vingt kilos de plus et un goût insidieux pour les vacances œnogastronomiques.

Si vous revenez ensuite au vin hollywoodien, que vous en choisissiez un (j'exagère un peu, mais ils se ressemblent tellement que vous pouvez presque en prendre un au hasard) et que vous sirotiez tranquillement votre verre, assis dans un agréable bar à vin, vous comprendrez beaucoup de choses. Le vin vous plaira, vous serez content d'être là et, si vous n'êtes pas un buveur cultivé et raffiné, vous aurez même l'impression d'avoir trouvé le vin idéal. Mais ce sera tout autre chose. Ce sera comme un tour sur un circuit de kart, si vous voyez ce que je veux dire. Et moi qui vous parle, je me jetterais pourtant plus facilement sur un village de vacances aux Canaries que sur des vacances œnogastronomiques.

Un vin sans âme. À sa façon, le microcosme du vin décrit l'avènement, au niveau planétaire, d'une pratique qui sauve le geste, certes, mais qui semble (j'ai bien dit semble) en perdre le sens, la profondeur, la complexité, la richesse originelle, la noblesse et même l'histoire. Une mutation très similaire à celle que nous cherchions. Et si on examinait l'affaire plus en profondeur ? Avec un peu de patience, on peut apprendre des tas de choses.

Vin 2

Évidemment, « barbares » est un mot un peu fort pour définir les consommateurs de vin hollywoodien, mais, comme nous le disions au chapitre précédent, leur choix correspond à un certain avilissement du vin, et leur multiplication exponentielle évoque l'image d'une culture raffinée et complexe qui se viderait de l'intérieur. L'avènement d'une forme (élégante) de barbarie.

Or, ce qui me plaît dans le saccage de ce village périphérique, c'est que celui-ci est relativement petit, il est donc plus facile d'y étudier comment les choses se sont réellement passées. On découvre ainsi, par exemple, qu'une certaine perte d'âme résulte, dans ce petit village, d'une série de mouvements de troupes qui paraissent infimes, mais sont fort significatifs. Comme un événement composé d'une multitude de sous-événements concomitants. Je vais essayer de décrire ceux que j'aperçois.

Le premier est peut-être le plus facile à voir. La baisse de la qualité a coïncidé avec une augmentation de la quantité. Depuis qu'on trouve en circulation un vin simple et spectaculaire, beaucoup plus de gens boivent du vin. Dans ce cas comme dans beaucoup d'autres, la perte de l'âme semble être le prix à payer pour l'expansion d'un business en difficulté. Simple : la commercialisation massive entraîne la perte d'âme. C'est un point important, car c'est sur lui que se fonde un des grands lieux communs qui couvent depuis toujours sous la peur des barbares, l'idée qu'ils représentent l'avidité face à la culture ; la certitude qu'ils sont mus par un goût du lucre hypertrophique et presque immoral. (Il n'est pas inutile de rappeler que c'est un des points sur lesquels, historiquement, a prospéré la haine raciale européenne à l'égard des Juifs : certains fantasmaient une guerre souterraine, dans laquelle une culture haute et noble était obligée de lutter contre le cynisme avide d'un peuple uniquement intéressé par l'accumulation d'argent.) C'est un point important pour une autre raison encore, car c'est de là que vient une déduction logique, infondée, mais compréhensible et très répandue : si une chose se vend beaucoup, c'est qu'elle ne vaut rien. L'adhésion irrationnelle à un tel principe est sans doute un des péchés capitaux de toute grande civilisation en phase de décadence. Nous y reviendrons, car c'est un point intéressant, quoique délicat. En attendant, mettons de côté cet indice que nous suggère l'histoire du vin : *l'âme se perd quand on vise la commercialisation massive.*

Autre mouvement : l'innovation technologique. Ça peut paraître incroyable, mais rien de ce que je viens d'évoquer ne se serait produit si l'on n'avait pas inventé l'air conditionné. Je m'explique. Pourquoi fait-on maintenant du vin (hollywoodien) au Chili, en Australie, en Californie et dans d'autres endroits encore plus impensables, alors qu'autrefois seuls les Français et les Italiens en faisaient ? On a coutume de penser que la terre dont disposent les Français et les Italiens est la seule adaptée à la culture des bons cépages, le savoir artisanal accumulé au fil du temps faisant le reste. D'où l'idée d'une aristocratie du vin, bien assise sur le privilège de posséder ces précieuses terres. Mais ce n'est qu'un mythe. En réalité, de la terre où cultiver du chardonnay, du cabernet, du sauvignon ou du merlot, il y en a autant qu'on veut et dans de nombreuses régions du globe. Alors, pourquoi n'en faisait-on pas ? En partie, bien sûr, par soumission au mythe. Ce même motif qui fait qu'on croit impossible d'élever des bufflonnes ailleurs qu'en Campanie, et donc, pas de mozzarella hollywoodienne. Mais il y avait aussi une question technique. Le point délicat, dans la fabrication du vin, est la fermentation. Le raisin peut tout à fait mûrir par des températures élevées, mais sous une chaleur terrible ou avec de fortes variations de température la fermentation devient un vrai cirque. Et faire un vin digne de ce nom est alors impossible. Mais avec la climatisation ? Alors là, oui, on peut. Fermentation contrôlée, ça s'appelle. La température, c'est vous qui la décidez : dès lors, qu'est-ce que ça peut faire que vous soyez en plein désert ? Ainsi, ce qui semblait un art réservé à une aristocratie terrienne d'antique lignée européenne se changea en pratique accessible à beaucoup d'autres : sur des terres bien moins chères, avec des artistes qui ne descendent pas de générations de maîtres de chai et des inventeurs qui n'ont pas de tabous. Et on a de grandes chances d'obtenir un vin hollywoodien. Résumons ce microévénement : *une révolution technologique brise tout à coup les privilèges de la caste qui détenait le primat de l'art.* Gardez-le en mémoire, on y reviendra.

Autre événement : le succès du vin hollywoodien naît aussi d'une révolution *linguistique*. Il y a encore vingt ans, ceux qui parlaient du vin, ceux qui le jugeaient, étaient pour l'essentiel des Anglais ou en tout cas des Européens. Ils étaient très peu nombreux, faisaient autorité et écrivaient d'une manière si raffinée, si savante, que bien peu de gens les comprenaient. Une caste de sublimes critiques. Puis vint Robert M. Parker. Parker est américain et s'est mis à écrire sur le vin dans un langage simple, direct. Il a entre autres commencé à dire tout haut une chose que beaucoup pensaient tout bas, c'est-à-dire que bon nombre des vins français qu'on idolâtrait étaient en réalité imbuvables, ou peu s'en fallait. Complexes, compliqués, hors de portée. Plus cultivés que bons, disons. Une affaire de goût, pourrait-on rétorquer. Mais il consacrait, lui, un type de goût qui n'était pas seulement le sien, mais qui était commun à des millions de personnes à travers le monde, surtout celles qui n'avaient pas une grande culture œnologique : les Américains en tête. Le plus important, en tout cas, c'est qu'il dit cela dans une langue différente, qui n'avait pas grand-chose à voir avec celle des sublimes critiques européens. Sa petite révolution fut synthétisée par cette horreur : il se mit à donner des notes aux vins. Aujourd'hui, ça peut paraître normal, mais au début, ça ne l'était pas du tout : feriez-vous confiance à un critique littéraire qui donne des notes aux grands classiques de la littérature ? Flaubert : 16 ; Céline : 18,5 ; Proust : 12 (trop long). Est-ce que ça n'aurait pas un petit goût de barbarie ? C'est bien ainsi que l'aristocratie européenne du vin le prit. Mais d'un autre côté, les gens commençaient à comprendre. À s'orienter. Il donnait des notes qui allaient (qui vont) de cinquante à cent. Aujourd'hui encore, des gens entrent chez un caviste et demandent : « Un quatre-vingt-quinze, s'il vous plaît. » Par exemple. C'était une langue nouvelle : dégradante, d'un certain côté, mais efficace. À travers cette langue, Parker a réussi à imposer au niveau planétaire l'amour du vin hollywoodien – non par mauvaise foi, car il l'aimait vraiment, mais grâce à une manière de le dire que les gens pouvaient comprendre. En un certain sens, le vin hollywoodien lui-même s'est conformé à cette simplification linguistique, car il y avait là une porte ouverte par où passer. Raison pour laquelle les vins hollywoodiens ont, entre autres, un nom facile à mémoriser et, étant donné leur mode de fabrication, ne demandent pas une attention particulière au millésime. Ça vous paraîtra mineur mais, avant Parker, vous deviez entrer chez un caviste et demander un barolo, spécifier le nom du producteur, ajouter le nom d'un domaine particulier et, pour conclure en beauté, préciser l'année : un truc à devoir réviser chez soi avant de sortir. Après Parker, si vous n'êtes pas fruste au point de demander un quatre-vingt-quinze, tout ce que vous aurez à dire, c'est un nom. La Segreta, s'il vous plaît (c'est un exemple, pas une publicité). C'est tout. N'ayez pas le snobisme de ne pas voir que c'est là une énorme petite révolution : si on pouvait demander les livres de la même façon, combien de gens entreraient plus volontiers dans une librairie pour en acheter ? Donc, nouvel indice : *les barbares utilisent une langue nouvelle. Tendanciellement plus simple. Appelons-la : moderne.*

Autre indice : le vin hollywoodien est simple et spectaculaire. Certains critiques le liquident d'un seul mot, affreux mais efficace : plaisant. On souligne presque toujours que ce vin est honteusement facile. Souvent, on suggère avec insistance qu'il y a une manipulation là-dessous : c'est un vin « dopé », dit-on. J'essaie d'articuler les choses de manière plus élégante : ce qui déplaît, dans ce vin, c'est qu'il cherche le chemin le plus court et le plus rapide vers le plaisir, quitte à renoncer à des éléments importants dans le geste de la dégustation. Pour employer des termes romantiques, donc parfaitement nôtres, c'est comme si on substituait à l'idée de beauté celle de spectaculaire ; comme si on privilégiait la technique sur l'inspiration, l'effet sur la vérité. Ce point est important, justement par la force d'évidence qu'il prend dans une culture encore fortement romantique telle que la nôtre. Ce vin nie un des principes de l'esthétique qui nous est propre : l'idée que, pour parvenir à la haute noblesse de la valeur véritable, il faille passer par un chemin tortueux, sinon de souffrance, du moins de patience et d'apprentissage. Les barbares n'ont pas cette idée. À son niveau, par conséquent, l'exemple du vin hollywoodien nous permet d'entrevoir un autre micro-événement qui est tout sauf insignifiant : *le spectaculaire devient une valeur. La valeur.*

J'en ai encore deux ou trois, des événements. Tenez bon. L'impérialisme. On pourrait parler de mondialisation, mais ici « impérialisme » me paraît plus précis. Le vin hollywoodien s'est imposé dans le monde pour l'évidente raison qu'il est de matrice américaine. Vous pourrez inventer les raisons les plus subtiles, à la fin, si vous voulez comprendre comment il se peut qu'au Yémen on boive aujourd'hui du vin hollywoodien, qu'en Afrique du Sud on en produise et qu'en France on fasse de même, la réponse est très simple : la culture américaine est la culture de l'Empire. Et l'Empire est partout, y compris en France. Ça peut sembler un slogan infondé, mais ça devient très réel dès qu'on pense à toutes les chaînes d'hôtels américaines, à tous les restaurants que ces hôtels contiennent, dans n'importe quel endroit du monde, et qu'on regarde leur carte des vins : on n'y trouve que du vin hollywoodien ou presque. C'est ainsi que, sans méchanceté mais avec de formidables moyens, on peut en arriver à suggérer (imposer ?) un certain goût au monde entier. Si les olives à l'ascolaine (spécialité on ne peut plus locale) avaient été inventées dans le Nebraska, on en mangerait sans doute aujourd'hui au Yémen. Ne sous-estimons donc pas cet autre indice : *dans les mots d'ordre des barbares résonne le doux diktat de l'Empire.*

Encore un et j'arrête. Pensez au producteur de vin français, richissime, au nom célèbre, planté devant ses précieuses terres en ordre parfait, assis sur une mine d'or, fort d'une aristocratie que lui confèrent au moins quatre générations d'artistes extraordinaires. Et maintenant, regardez le producteur de vin hollywoodien, avec son nom quelconque, assis sur sa terre chilienne quelconque, fils, au mieux, d'un importateur de vins, mais petit-fils d'un type qui faisait tout autre chose et donc privé de quartiers de noblesse. Mettez-les l'un en face de l'autre : ne sentez-vous pas dans l'air comme un bon vieux parfum de révolution ? Et si vous vous penchez sur les chiffres de la consommation et que vous essayiez de les traduire en personnes réelles, en êtres humains de chair et d'os qui boivent, ce que vous voyez, c'est d'un côté une aristocratie du vin restée plus ou moins intacte, qui continue à savourer de précieuses liqueurs ultraraffinées et à les commenter dans un jargon d'initiés, en s'orientant dans la jungle des millésimes d'un pas qui fascine par son assurance ; et, de l'autre, une grande masse d'*homines novi* qui n'avaient sans doute jamais bu de vin et qui le font à présent. Ils n'arrivent pas à verser d'une carafe sans se sentir ridicules, ils évoquent le vin en usant des mêmes mots qui leur servent à parler d'un film ou d'une voiture, et dans leurs frigos il y a beaucoup moins de bières qu'avant. Ce que je veux dire, c'est qu'il s'agit aussi d'une question de lutte des classes, comme on disait autrefois, et, puisque nous ne sommes plus autrefois, je dirai que c'est une compétition entre un pouvoir consolidé et des outsiders ambitieux. Pensez au parvenu américain qui essaie d'acheter une colline dans le Bordelais, temple du vin prestigieux, et vous verrez clairement l'assaut contre la forteresse. Voici donc l'ultime microévénement que, sous la surface d'une apparente perte d'âme, le monde du vin nous suggère d'enregistrer : ce qui se produit là, c'est aussi qu'*une certaine masse de gens envahit un territoire auquel, jusqu'à présent, elle n'avait pas accès.* Et, quand ces gens s'y installent, ils ne se contentent pas des derniers rangs ;

souvent, même, ils changent le programme et passent le film qui leur plaît.

Voilà. C'est le moment de résumer et de remonter les filets de notre petite pêche. En étudiant l'invasion qui a frappé de façon circonscrite le village du vin, on peut arriver à dessiner le plan de bataille barbare. Le voici : *une invention technologique permet à un groupe humain aligné essentiellement sur le modèle culturel impérialiste d'accéder à un geste qui lui était jusque-là interdit et qu'il relie d'instinct à un spectaculaire immédiat, à un univers linguistique moderne, conduisant ainsi ce geste à un succès commercial foudroyant.* De tout cela, ceux qui sont ainsi assaillis perçoivent surtout ce qui affleure à la surface et qui est, à leurs yeux, le plus évident : l'apparent effritement de la valeur globale de ce geste. Une perte d'âme. Et donc, un début de barbarie.

Je l'ai dit : ce n'est qu'une hypothèse. Et surtout, ce n'est pas une hypothèse qui aide à comprendre les barbares, elle aide seulement à saisir leur technique d'invasion : comment ils avancent, mais pas qui ils sont ni pourquoi ils sont ainsi (ce qui est, bien sûr, la question la plus captivante). Pour moi, c'est en tout cas un passage obligé avant d'arriver, tôt ou tard, à comprendre : une étape intermédiaire. Comprenez comment ils se battent et vous comprendrez peut-être qui ils sont. Si elle vous convient, cette hypothèse, jouez un peu avec. Essayez de penser à un exemple de mutation, d'invasion barbare à laquelle vous êtes sensible et cherchez-y la carte de la bataille. Vous y trouverez peut-être tous les indices que j'ai listés. Ou d'autres encore, je ne sais pas. Mais j'ai des raisons de penser qu'en tout cas cela permettra de mieux formuler le problème, d'aller un peu plus loin que les lamentations des snobs ou les conversations de comptoir. De mon côté, je me livrerai à ce petit jeu sur deux autres villages saccagés qui me tiennent à cœur : le football et les livres. Dans les prochains chapitres.

L'animal

Je devrais passer au football, mais il n'est peut-être pas inutile de préciser auparavant le sens de ce que nous sommes en train de faire. Essayons.

Vous vous dites : le monde s'écroule et ce type nous parle de football, de vin. C'est vrai. Comme quand le masseur vous touche un doigt de pied et vous demande : ça fait mal ? Ça vous fait mal, donc vous répondez : oui, et vous imaginez que vous avez une fracture. Mais il annonce : c'est un problème aux reins.

Le vin, par exemple, nous suggère une hypothèse importante : là où nous percevons une évidente perte d'âme, c'est que, sous la surface d'une barbarie apparente, travaillent des événements d'une autre nature, qu'il nous est possible d'identifier un à un. C'est ce que j'ai essayé de faire : les identifier – commercialisation massive, langage moderne, adhésion au modèle américain, choix du spectaculaire, innovation technologique, affrontement entre pouvoir ancien et pouvoir nouveau. On peut sûrement faire mieux, mais à présent ouvrez vos oreilles. Le problème, c'est ça : d'une façon générale, *nous n'avons pas envie de faire mieux.*

Habituellement, quand nous sentons qu'il y a du barbare quelque part, nous avons tendance à le relier à un de ces événements, à deux au maximum : nous choisissons celui qui nous agace le plus, ou le plus évident, et nous le prenons pour cible. (Ce vin est basique, il y a trop d'argent dans le football, les jeunes n'écoutent que de la musique facile et spectaculaire.) Eh bien, il y a quelque chose, dans cette attitude-là, qui nous tiendra toujours éloignés d'une compréhension véritable. En réalité, il est probable qu'aucun de ces événements ne soit en substance isolable des autres, ni appréciable en soi et encore moins condamnable. Ce serait comme d'essayer de comprendre le mouvement d'un animal en n'étudiant que ses pattes avant ou sa queue. Il est clair qu'une fois isolé, n'importe quel segment du corps semble fragile, contingent et même ridicule. C'est le mouvement harmonieux de l'animal entier qu'il faudrait être capable de voir. S'il y a une logique dans le mouvement des barbares, elle n'est déchiffrable que par un regard en mesure d'assembler les diverses pièces. Sinon, ce ne sont que brèves de comptoir.

J'essaie de mieux m'expliquer. Si vous êtes agacés par le spectaculaire facile et malin d'un vin hollywoodien, et que vous en restiez là, la barbarie que vous enregistrez se résume à une pénible contraction du goût et du raffinement culturel. Et c'est tout. Mais si vous essayez de replacer cette dégradation culturelle illogique à l'intérieur d'un réseau d'événements, dont certains susciteront sans doute votre enthousiasme (que sais-je : l'innovation technologique, la démocratisation d'une technique auparavant réservée à une caste de privilégiés, le choix d'un langage non ésotérique et non discriminant), si vous essayez de l'interpréter comme un fragment d'un mouvement plus complexe et plus ample, alors elle cessera d'être un grotesque passage à vide de l'intelligence collective et commencera à avoir des contours différents : vous en viendrez probablement à comprendre qu'en ce point précis, où la force et la culture semblent s'être perdues, transitent en réalité des courants très puissants d'énergie, engendrés par des événements proches qui paraissent avoir besoin pour s'exprimer de ce raccourci, de cette descente, de ce repli stratégique. C'est sur l'indigence apparente de ce détail que s'appuie une force plus vaste qui, sans cette faiblesse, ne tiendrait pas debout. Libre à vous de juger ensuite que cette nouvelle forme d'énergie, de sens, de civilisation n'est pas à la hauteur de la précédente : c'est tout à fait possible. Mais ainsi vous aurez au moins évité de liquider la locomotive à vapeur pour la simple raison que, comparée à une voiture à cheval, c'est un objet hideux, vulgaire, malodorant et, qui plus est, dangereux. Ce qui est vrai. Mais renoncer au cheval, à la civilisation du cheval, était peut-être le repli stratégique nécessaire, la perte d'âme inévitable afin de développer une énergie qui, objectivement, n'apparaîtrait pas comme une barbarie. Le regard qui ne s'arrête que sur un point de l'invasion barbare risque la stupidité pure et simple.

    Pensez à la musique, à la musique classique. De Bach à Beethoven, on peut dire que les grands compositeurs ont travaillé sans relâche à une habile simplification du monde musical dont ils avaient hérité. Contractant les sons, les harmonies, les formes. Accélérant dans le même temps sur la voie d'un spectaculaire auquel personne, jusque-là, n'avait jamais songé. Si vous écoutez un madrigal de Monteverdi et, juste après, le finale de la *Cinquième* de Beethoven, vous reconnaissez tout de suite qui est le boutiquier, l'incivil, le barbare. Pourtant, dans cette indéniable perte de richesse, dans cette réduction volontaire des possibilités, dans ce génial repli stratégique, ces hommes trouvèrent le raccourci par lequel arriver à un monde nouveau, qui serait tout sauf une perte d'âme. (On pourrait même dire que ce furent eux qui l'inventèrent, cette âme : ou du moins cette version prêt-à-porter qui allait entrer chez tout le monde, jusque dans les vies les plus simples). Ou bien, pensez à ce moment où, après des siècles de madones, de dépositions et d'annonciations, les artistes se mirent à peindre des scènes de la vie quotidienne : un homme qui lit une lettre, un marché, des oies, ce genre de choses. Quel vertigineux saut vers le bas : de la madone aux faisans. Et pourtant, là aussi, un flux immense d'énergie, de force, d'âme, si vous voulez, ne fut-il pas libéré par un geste aussi barbare ? Et quand nous avons adopté l'automobile à la place des chevaux ? En toute logique, pourquoi diable abandonner un moyen de locomotion qui se rechargeait pendant votre sommeil, qui produisait de quoi fertiliser la terre, qui accourait quand on l'appelait et, ô merveille, une fois vieux se débrouillait pour engendrer un nouveau modèle, sans frais supplémentaires ? (D'accord, ce dernier exemple est un peu tiré par les cheveux, mais les deux autres non, ils restent valables.)

C'était suicidaire, en apparence. Mais ces gestes étaient le mouvement d'une patte, la flexion d'une échine ou l'angle d'un regard : dessous, se trouvait l'animal, il avait un plan et c'était lui, l'animal, lui seul, qui survivrait. Je peux me tromper, mais je crois qu'il faut regarder l'animal dans sa totalité et en mouvement. Peut-être qu'on pourra alors y comprendre quelque chose. Il faut laisser aux barbares une chance d'être un animal, avec sa forme achevée et son sens à lui, et non des morceaux de notre corps affligés de quelque maladie. Il faut faire l'effort de supposer qu'ils sont mus par une logique non suicidaire, par un élan lucide et par un vrai rêve. Et c'est pourquoi il ne suffit pas de mépriser la nageoire (en effet inutile chez le quadrupède), mais il est nécessaire de comprendre qu'elle forme un tout organique avec les branchies, les écailles, cette façon-là de respirer, cette façon-là de vivre. Le bras qui est devenu nageoire n'est peut-être pas une tumeur mais le début d'un poisson.

Bon, fin du sermon. Mais je tenais à le dire.

Football 1

Le football est un autre village apparemment saccagé par les barbares (mais on pourrait parler du sport en général). On a l'impression diffuse que, là aussi, le véritable esprit s'est perdu, sa caractéristique la plus noble, si l'on veut : l'âme. Est-ce vrai ou n'est-ce que du vent ? Les deux, sans doute. La nostalgie du football d'avant (d'avant quoi, d'ailleurs ?) porte sur les questions les plus variées : tous les matchs qui se jouaient le dimanche, les maillots numérotés de 1 à 11, sans sponsor et toujours les mêmes, des joueurs sans agents et sans mannequins, des entraîneurs qui permettaient à la valeur individuelle d'éclater, des stades moins vides et des calendriers moins pleins, la Coupe des champions et non la Champions League, la disparition des joueurs qui font toute leur carrière dans une seule équipe, les virages sans drapeaux nazis ni faucilles et marteaux, moins de dopage et plus d'envie, moins de schémas tactiques et plus de talent, moins d'argent et plus de substance dans le short. Je résume, mais en gros c'est ça. J'ajouterais : un football plus propre, plus moral et plus humain.

Il est possible que les nostalgiques aient raison (en se cantonnant toujours à l'Italie, car c'est peut-être différent ailleurs). D'après moi, l'image qui en est la synthèse la plus forte, c'est de voir un joueur comme Roberto Baggio sur le banc de touche. Autrement dit : quand, pour toute une série de raisons, un sport change à tel point qu'il devient sensé de ne pas aligner celui qui en est la plus haute expression (le talent, l'artiste, l'exceptionnel, l'irrationnel), cela signifie qu'il s'est passé quelque chose. Que serait un tennis dans lequel McEnroe n'aurait pas fait partie des cent premiers au classement ? À travers la tristesse des numéros 10 qui restent assis sur le banc de touche, le football raconte une histoire qui semble suicidaire.

En général, on fait remonter ce genre de catastrophe à un phénomène bien précis : l'avènement de la télévision numérique et donc l'élargissement radical du marché, avec l'afflux de grosses quantités d'argent. En soi, ce n'est pas faux. Mais, comme je le disais plus haut, il faudrait réussir à voir l'animal entier en mouvement. Baggio sur le banc de touche, c'est la queue qui s'agite. L'orgie de matchs à la télévision, c'est une patte avant qui se dresse. Et l'animal entier ? Vous arrivez à le voir ? Essayons en utilisant ce que nous avons appris au sujet du vin. *Une invention technologique permet à un groupe humain aligné essentiellement sur le modèle culturel impérialiste d'accéder à un geste qui lui était jusque-là interdit et qu'il relie d'instinct à un spectaculaire immédiat, à un univers linguistique moderne, donnant ainsi à ce geste un succès commercial foudroyant.* Essayons : avec l'invention de la télévision numérique, un sport qui avait appartenu à quelques riches et à la télévision publique se retrouve entre les mains du privé qui, suivant le modèle du sport américain, en accentue le côté spectaculaire, l'aligne sur les règles du langage moderne par excellence, le langage télévisuel, et ce faisant ouvre grand les portes du marché, en stimulant la consommation. Résultat apparent : le foot perd son âme. Qu'en dites-vous ? Ça se tient, il me semble. Tant mieux. Nous commençons à avoir des instruments de lecture à peu près fiables. Nous commençons à entrevoir, même fugitivement, la totalité de l'animal en mouvement. Puis-je vous aider dans cette entreprise, en posant un instant, à côté de cet animal, une vieille photo en noir et blanc ?

Comme le savait Leopardi, chez nous, enfants italiens / catholiques / bourgeois, le dimanche soir était un moment de tragédie retenue. L'enfilage du pyjama, avancé au crépuscule comme pour couper court à toute discussion concernant la possibilité de prolonger ce jour férié, plongeait dans une sorte de liturgie de la tristesse où l'on se purifiait des éventuels divertissements du dimanche, retrouvant ce fond de désespoir sans lequel, selon la conviction familiale, aucune réelle éthique du travail ne pouvait fleurir et aucun lundi matin ne pouvait donc être affronté. Dans ce cadre joyeux, beaucoup d'entre nous allumaient la télévision à 7 heures du soir, car il y avait le match. J'insiste sur le singulier. C'était en effet un match unique et même un demi-match : une seule mi-temps était retransmise en différé, avant le journal. Personne n'a jamais compris selon quel critère il était choisi. On voyait parfois des matchs qui s'étaient terminés par un résultat nul et vierge, ce qui suggérait l'existence d'un Pouvoir aux logiques impénétrables, à la sagesse hors de notre portée.

Naturellement, le match était en noir et blanc (certains, avancée technologique touchante, avaient un écran vert en bas et, j'ignore pourquoi, violet en haut). Les prises de vues étaient notariales, documentaires, soviétiques. Le commentaire impersonnel, de type chirurgical, sans pour autant être exempt du trait de folie qui nous marquerait à jamais. Comme le match n'était pas en direct, le commentateur savait très bien ce qu'il en était, mais il faisait semblant de l'ignorer. Étourdis peut-être par une insistante odeur de soupe venue de la cuisine, nous le laissions faire, oubliant peu à peu l'humiliante absurdité de la situation. C'était alors que, brusquement, sans prévenir, arrivé à la fin de la mi-temps et pressé par l'imminence du journal télévisé, le commentateur, sans même modifier le ton de sa voix, envoyait bouler toute notre structure mentale et glissait des phrases du type : « Et la partie s'est terminée sur le score de 2 à 1, grâce à un but marqué par Anastasi à la vingt-troisième minute de la seconde mi-temps. » Brusquement, il savait tout ! Et il parlait au passé pour nous annoncer le futur ! C'était absurde et mortifiant. Mais tous les dimanches nous étions là, devant l'écran, à nous faire maltraiter. Parce que nous étions des cerveaux simples. Et c'était là tout le football que nous voyions en une semaine. Certains chanceux attrapaient parfois quelque match à la télévision suisse. On parlait d'une certaine TeleCapodistria, mais la chose restait vague. Le stade, on y allait, évidemment, mais combien de fois ?

C'était un monde frugal, en émotions comme en expériences. L'animal football nous paraissait magnifique et peut-être l'était-il vraiment. En tout cas, on le voyait peu, et presque toujours immobile, loin sur la colline, beau d'une beauté presque sacerdotale. Voilà le football avec lequel nous avons grandi. Et nous grandissions lentement, à l'époque.

Si je vais repêcher mes dimanches d'adolescent, c'est que cela m'aide à faire le point sur un autre mouvement de l'animal, un mouvement que l'histoire du vin ne m'avait pas permis d'identifier et que le football montre clairement : en substance, les barbares viennent frapper la sacralité des gestes qu'ils attaquent, en lui substituant une consommation apparemment plus laïque. Voici ce que je dirais : ils démontent le totem et l'éparpillent dans le champ de l'expérience, perdant ainsi sa dimension sacrée. Un exemple typique : le match du dimanche est devenu celui du lundi, du vendredi, du jeudi, en direct, en différé, en résumé, avec seulement les actions importantes, partout. Le rite est démultiplié et le sacré est dilué. (Et n'est-ce pas la même chose pour le vin qu'on peut boire quand on veut sans le verser en carafe, le marier, le déguster ni faire tant de cérémonies ?) Nous pourrions même nous demander si, quand nous parlons de perte de l'âme, nous ne sommes pas au fond en train de regretter avant tout cette sacralité perdue des gestes : le totem nous manque. Pourtant, nous sommes une civilisation suffisamment laïque, nous savons très bien que chaque pas en avant dans la laïcité remet le monde en mouvement et libère des énergies formidables. Mais le totem nous manque. Pas aux barbares. Eux démantèlent le sacré. Ce sera un drôle de moment quand nous comprendrons par quoi ils le remplacent (patience, ce moment viendra).

Pour l'instant, je voudrais que vous mettiez de côté cette découverte nouvelle (le démantèlement du sacré) et que vous me suiviez, le temps d'un chapitre supplémentaire, dans le monde du football. Il y a encore une chose à comprendre là-dedans. Une fois de plus, ç'a un rapport avec le spectaculaire.

Football 2

Encore une chose sur le football. Je sais que ce sera un épisode un peu technique, et je m'en excuse auprès de ceux que le foot ne passionne pas : s'ils préfèrent, qu'ils sautent ce chapitre. Pour les autres, voici ce que je trouve intéressant : l'idée de spectaculaire que le football a privilégiée ces dernières années, plus ou moins depuis que l'on a perçu une certaine mutation barbare. Naturellement, une grande part de cette idée de spectaculaire est en rapport avec les techniques de narration, avec la télévision, le manière de filmer les matchs, le type de commentaire, l'écriture sportive dans les journaux, etc. Mais c'est aussi quelque chose qui a à voir avec la nature même du jeu, avec sa technique, son type d'organisation.

Pour ce qui nous importe ici, la question qui se pose est la suivante : si la spectacularisation du geste est nécessaire aux barbares, comment en sont-ils arrivés à l'absurdité consistant à éliminer l'élément le plus spectaculaire du jeu, voire la marque même de l'artiste, du numéro 10, c'est-à-dire le talent individuel ? Pourquoi vont-ils frapper à l'endroit précis où ce geste semble prendre sa dimension la plus haute, la plus noble, la plus artistique ? Cette question-là ne concerne pas que le football car, vous commencez à le comprendre, c'est un phénomène que nous pouvons retrouver dans presque tous les villages mis à sac par les barbares. Ils vont droit au cœur pulsant de toute l'affaire et, là, ils détruisent. Pourquoi ? Et surtout : que gagnent-ils à faire un tel sacrifice ? Ou est-ce purement et simplement de la violence imbécile ? Pour ce qui est du football, il pourrait être utile, là encore, de s'arrêter sur une vieille photo en noir et blanc. Juste un coup d'œil, mais vous verrez que ça nous servira.

Quand j'ai commencé à jouer au football, c'étaient les années soixante. J'étais le seul à ne pas avoir de chaussures à crampons (nous n'étions pas pauvres, mais catholiques de gauche) et je jouais donc avec des chaussures de montagne nouées à la cheville : aussi, en toute logique, les plus grands décidèrent que je devais jouer en défense. En ce temps-là, je pensais que la vie était un devoir à accomplir, pas une fête à inventer, si bien que pendant des années je m'en tins à cela, grandissant avec un cerveau de défenseur et montant en catégorie avec toujours mon numéro 3 dans le dos. C'était alors un numéro sans poésie aucune, qui évoquait une discipline rugueuse et imperturbable. Il correspondait plus ou moins à l'idée, imparfaite, que je m'étais faite de moi.

Dans ce football-là, le défenseur défendait. C'était un genre de jeu où, si vous aviez le numéro 3 dans le dos, vous pouviez jouer des dizaines de matchs sans jamais franchir la ligne médiane. Ce n'était pas votre rôle. Si le ballon était là-bas, vous attendiez ici et vous souffliez. Ça donnait une perception bizarre du match. Moi, pendant des années, j'ai vu de loin mes équipes marquer des buts vaguement mystérieux : c'étaient des choses qui se passaient là-bas, dans une partie du terrain que je ne connaissais pas et qui, pour un arrière comme moi, avait l'aura légendaire des villes balnéaires de l'autre côté des montagnes : fruits de mer et jolies filles. Quand on marquait, là-bas ils se congratulaient, je m'en souviens. Pendant des années je les ai vus, de loin, se congratuler. Parfois, j'ai même traversé tout le terrain pour me joindre à eux, les congratuler moi aussi, mais ça ne marchait pas vraiment : vous arriviez toujours un peu après coup, quand la partie déchaînement finissait, c'était comme de venir prendre une cuite au moment où les autres commencent à rentrer chez eux. Alors, la plupart du temps, je restais à mon poste et on échangeait sobrement un regard entre défenseurs. Le gardien, lui, c'était toujours plus ou moins un dingue : il se faisait son cinéma tout seul.

À l'époque, on pratiquait le marquage individuel. Ce qui veut dire que pendant toute la partie, vous jouiez collé à un joueur adverse. La seule chose qu'on vous demandait, c'était de l'étouffer. Cet impératif conduisait à des situations d'intimité presque embarrassantes. C'était un football simple, donc, moi qui portais le numéro 3 je marquais leur numéro 7 : et les numéros 7, au fond, étaient tous pareils. Maigrelets, des jambes torves, rapides, un peu anarchistes, incroyablement bordéliques. Ils parlaient beaucoup, se disputaient avec tout le monde, s'absentaient des dizaines de minutes, comme pris d'une soudaine dépression, puis ils vous piégeaient comme des serpents, filant avec une vitalité surprenante qui tenait du sursaut d'un mourant. En un quart d'heure, vous saviez tout d'eux : comment ils feintaient, qu'ils détestaient l'avant-centre, s'ils avaient des problèmes de genou, quel métier ils faisaient et quel déodorant ils utilisaient (des sprays Rexona terrifiants). Le reste était une partie d'échecs où lui, il avait les blancs. Il inventait et vous détruisiez. Pour moi, le résultat suprême était de le regarder sortir en pleine crise de nerfs, expulsé pour avoir protesté, tandis que ses camarades l'envoyaient se faire voir. J'aimais beaucoup l'entendre annoncer en hurlant que, pour lui, jouer dans cette équipe, c'était terminé : là, j'avais le sentiment du travail acompli.

Il n'y avait pas de contre-attaques, pas de une-deux, on ne sifflait pas les hors-jeu, on n'allait pas jusqu'à la ligne de fond pour centrer, on ne faisait pas de pressing. Quand vous touchiez le ballon, vous cherchiez le premier milieu de terrain disponible et vous le lui donniez : comme le cuisinier qui passe le plat au serveur. À lui de se débrouiller. Botter en touche, c'était bien (on vous applaudissait !), et quand vous étiez vraiment en difficulté, vous faisiez une passe au gardien. Ça s'arrêtait là. J'aimais bien.

Puis les choses changèrent. On vit arriver des numéros 7 qui ne parlaient pas, qui n'avaient pas l'air de déprimer mais restaient derrière à attendre. Je me demandais bien quoi. Peut-être moi, me disais-je. Et ce fut alors que je franchis la ligne médiane. Les premières fois, c'était bizarre : dans les gradins, tout le monde se mettait à te hurler : « Reviens ! Replie-toi en défense ! », mais vous, entre-temps, vous étiez déjà là-bas, à respirer cet air vif, alors vous vous repliiez, mais à contrecœur, comme le dimanche soir quand on sort de la mer, et chaque fois vous y restiez un peu plus longtemps. Il m'est arrivé d'être face au gardien adverse (une circonstance inédite), et même de recevoir la balle de notre numéro 10, le champion super beau gosse que j'avais toujours regardé jouer de loin : il posa les yeux sur moi, précisément, et me la passa, l'air d'un García Márquez qui vous tend son carnet de notes en disant : Tiens-moi ça un instant, il faut que j'aille pisser. Sacrée expérience.

Quand le marquage en zone fit son apparition, je trouvai moyen de me faire suffisamment mal pour avoir une bonne raison d'arrêter. Moins à cause de cette histoire de comprendre, chaque fois, qui je devais marquer, simplement j'avais grandi avec une tête faite autrement, à l'ancienne, et cette marée de possibilités et de tâches différentes à accomplir me paraissait une belle chose, mais conçue pour d'autres que moi. Ça me barbait de respecter l'alignement, je trouvais nul de faire un pas en avant pour mettre l'attaquant en position de hors-jeu, ou de presser pour aller coincer sur la ligne de fond un type que je n'avais jamais rencontré jusque-là. Ce qui me manquait aussi, c'était cette belle sensation de voir toujours du coin de l'œil, derrière moi, la silhouette lente et paternelle du libéro. Et je crois que tout ce temps passé à coller au numéro 7 me manquait aussi, quand le ballon était loin : on parlait, on se faisait des petites fautes afin de s'intimider, on démarrait dans le vide, comme un cheval fou. De temps en temps il passait à gauche, pour chercher de l'air : on voyait qu'il n'était pas chez lui et qu'il espérait juste se débarrasser de son chien de garde personnel. J'aimais bien ses yeux, quand ils vous revoyaient là, séraphique et inéluctable. Alors il s'en revenait à droite, comme le type qui a ouvert une épicerie dans le centre-ville et que la misère ne lâche pas, de sorte qu'il finit par rentrer au village.

C'était ce football-là. Et il n'a jamais cessé de me manquer.

Pourquoi est-ce que je vous inflige mes photos en noir et blanc ? Parce que, si vous voulez comprendre ce que les barbares gagnent à éliminer Baggio, vous devez comprendre par quoi ils le remplacent. En football, pour ceux qui connaissent, c'est limpide et clair. Si on renonce à Baggio, c'est qu'on a inventé un système de jeu moins bloqué, où la grandeur de l'individu est redistribuée sur chacun des joueurs, si l'on peut dire, et où l'intensité du spectacle se répartit. Tout en étant un jeu d'équipe, le football d'avant vivait beaucoup des duels personnels et d'une nette division des tâches. Le foot moderne semble s'être obstiné à briser cette parcellisation du sens, en créant un événement unique auquel prennent part tous les joueurs, de façon constante. Chez le défenseur qui attaque, comme chez l'attaquant qui défend, remonte à la surface l'utopie d'un monde où chacun fait tout et dans toutes les parties du terrain. Rien ne peut sans doute mieux restituer cette façon de penser que la belle expression inventée par les Néerlandais dans les années soixante-dix : le football total. Si vous voulez approcher du cœur de la logique barbare, gardez bien en tête ces deux mots : football total. Ceux qui se souviennent du frisson de plaisir qu'à l'époque Cruyff et ses camarades transmettaient aux spectateurs (les libérant d'un football obtus et bloqué) pourront peut-être commencer à comprendre quel désir motive la fureur destructrice des barbares. Quelque part, ils gardent en eux le frisson d'une vie totale.

Évidemment, ce football total était impossible à pratiquer avec les joueurs qui avaient fait la grandeur du jeu dans les années soixante. Si on voulait cette utopie-là, une mutation était nécessaire. Si tous doivent tout faire, il est difficile que tous parviennent à tout faire très bien : d'où la fameuse tendance au juste milieu, typique des mutations barbares. Le juste milieu est déprimant par définition, mais il ne l'est pas aux yeux des barbares, pour une raison bien précise et footballistiquement vérifiable : le juste milieu est une structure sans arête dans laquelle un plus grand nombre de gestes peut passer. Les défenseurs d'aujourd'hui ne défendent pas aussi bien que ceux d'hier, mais combien de choses font-ils en plus ? Combien de possibilités en plus offrent-ils à l'intérieur d'un sport dont les règles n'ont pourtant guère changé ? Vous le voyez, le facteur de multiplication ? La régression d'une capacité engendre une multiplication des possibilités. Encore un effort : afin que ces possibilités deviennent réelles, il manque une dernière chose, la vitesse. Pour que tout puisse arriver dans n'importe quelle partie du terrain, il faut courir vite, jouer vite, penser vite. Le juste milieu va vite. Le génie est lent. Dans le juste milieu, le système trouve une circulation rapide des idées et des gestes. Dans le génie, dans la profondeur de l'individu le plus noble, ce rythme est brisé. Un cerveau simple transmet des messages plus rapidement, un cerveau complexe les ralentit. Un joueur moderne fait circuler la balle, Baggio la fait disparaître. Il vous fait peut-être un tour de magie au passage, mais c'est le système qui doit vivre, pas lui.

Quand les barbares pensent au spectaculaire, ils pensent à un jeu rapide dans lequel tous jouent en même temps en élaborant le plus grand nombre de solutions possible. S'il faut pour cela laisser Baggio sur le banc de touche, ils le font, et c'est ce même verdict que nous trouverons dans tous les villages saccagés : *un système est vivant quand le sens est présent partout et de façon dynamique. Si le sens est localisé et immobile, le système meurt.*

Vous êtes perdus ? Ne vous inquiétez pas. Le football, c'était juste pour flairer un peu les choses, s'en faire confusément une première idée. Le moment viendra de mieux les comprendre. Un ou deux chapitres sur la civilisation littéraire et nous y serons.

Livres 1

Ça me fait drôle, car cette idée d'aller voir les villages mis à sac par les barbares afin de comprendre comment ceux-ci se battent et gagnent m'a conduit ici, dans le village des livres. Et ce village est le mien. Voyons s'il m'est possible d'en parler en oubliant que j'y ai grandi.

L'idée que le monde des livres est actuellement assiégé par les barbares est désormais si répandue qu'elle est presque devenue un lieu commun. Dans sa banalité, je dirais qu'elle repose sur deux piliers : 1) les gens ne lisent plus ; 2) ceux qui font les livres ne recherchent plus que le profit et l'obtiennent. Dit ainsi, c'est paradoxal : si la première affirmation était vraie, la seconde n'existerait pas, de toute évidence. Il y a donc quelque chose à comprendre. Dans l'économie de ce livre, ce n'est pas inutile, car cela nous oblige à nous pencher sur le terme générique de « commercialisation » : si, comme nous l'avons vu, l'augmentation des ventes et le primat affirmé de la logique marchande sont typiques des invasions barbares, voilà une bonne occasion de mieux comprendre en quoi consiste vraiment cette vocation suspecte au profit. Et quelles peuvent en être les conséquences.

Partons d'un fait avéré : depuis plusieurs décennies, le volume d'affaires de l'industrie éditoriale augmente de manière constante et significative dans les pays développés. Je n'aime pas beaucoup les chiffres mais, par exemple, aux États-Unis le nombre de livres publiés a augmenté, pour ces seules dix dernières années, de soixante pour cent. En Italie, le chiffre d'affaires de l'édition a quadruplé ces vingt dernières années (même si le passage à l'euro a fait grimper le montant des recettes, cela reste impressionnant). Assez de chiffres. Je résume : des ventes du tonnerre.

Mais ces résultats ne sont pas le fruit du hasard. Ils sont l'effet d'une mutation génétique. Ceux qui la critiquent la résument ainsi : là où il y avait des entreprises plus ou moins familiales, faites de passion et de profits modestes, il y a maintenant de très grands groupes d'édition qui cherchent une rentabilité digne de l'industrie agro-alimentaire (disons, autour de quinze pour cent ?) ; là où il y avait une librairie dont le vendeur connaissait ses livres et les lisait, il y a maintenant un mégastore à plusieurs étages où l'on vend aussi des CD, des DVD et des téléphones portables ; là où il y avait un éditeur qui œuvrait à faire éclore la beauté et le talent, il y a maintenant un homme de marketing qui a un œil sur l'auteur mais surtout les deux fixés sur le marché ; là où il y avait une distribution qui fonctionnait comme un tapis roulant presque neutre, il existe maintenant un passage étroit qui ne laisse filtrer que les produits les mieux adaptés au marché ; là où il y avait des pages entières de critiques, on trouve à présent des interviews et la liste des meilleures ventes ; là où l'on communiquait sobrement sur un ouvrage terminé, on se livre maintenant à une publicité débordante et agressive. Additionnez le tout et vous aurez un système qui, à chacun de ses niveaux, a choisi de privilégier l'aspect commercial sur n'importe quel autre.

Pour ce que j'en sais, un tel tableau décrit assez fidèlement la situation. Les exceptions sont nombreuses et il y aurait beaucoup de distinguos à faire, mais la tendance est bien celle-ci. Cependant, ce qui m'intéresse, c'est cette question : quel est le type de monde engendré par une telle mutation ? La commercialisation à outrance équivaut-elle à la destruction ? L'idée qu'il s'agit d'un génocide et que nous sommes en train de réduire à néant une civilisation précieuse est-elle une idée intelligente ou *faussement* intelligente ? Non que le destin des livres m'importe de façon particulière, simplement c'est une partie intéressante qui se joue là : est-il vrai que l'emphase commerciale tue ce qu'il y a de plus noble et de plus haut dans les gestes auxquels elle s'applique ? Sont-ils en train de tuer Flaubert comme ils ont mis Baggio sur le banc de touche et ôté le barbaresco de nos tables ? Et si oui, pourquoi diable font-ils ça ? Avidité pure et simple ?

Je voudrais que vous essayiez d'envisager les choses de cette façon : avant d'être une cause, l'emphase commerciale est un effet, elle est l'expression presque automatique d'un geste dans un domaine soudain grand ouvert. D'abord l'extension du terrain de jeu, ensuite la conquête de cet espace nouveau : et, le moteur de cette conquête, c'est le business. Je vais essayer de m'expliquer à partir des livres. Jusqu'au milieu du

XVIIIe siècle, ceux qui lisaient des livres étaient essentiellement ceux qui en écrivaient. Ou bien ils auraient pu en écrire, ils avaient pour frère quelqu'un qui en écrivait, bref ils étaient dans les parages. Ils formaient une communauté réduite, aux frontières délimitées par l'instruction qu'on possédait et par la liberté qu'on avait de ne pas travailler. Avec le triomphe de la bourgeoisie furent créées les conditions objectives pour qu'un plus grand nombre de personnes aient la capacité, l'argent et le temps leur permettant de lire : ils étaient là, disponibles. Le geste qui permit de les atteindre, en inventant l'idée (qui devait paraître absurde) d'un public de lecteurs n'écrivant pas de livres, est ce que nous appelons aujourd'hui roman. Ce fut un geste génial, à la fois d'un point de vue créatif et d'un point de vue de marketing. Le roman est le produit qui a rendu réel un public qui n'était que potentiel et qui n'existait que sous l'épiderme du monde. Le fait que le roman ait généré de l'argent (beaucoup, même) nous apparaît aujourd'hui presque comme un corollaire négligeable : ce qui nous paraît plus significatif, c'est le geste de civilisation que nous y reconnaissons, le fait qu'une collectivité donnée soit parvenue, dans le roman, à une conscience supérieure d'elle-même inscrite dans une forme, et à une conception raffinée de la beauté. L'éloignement dans le temps ne doit pourtant pas nous faire perdre la compréhension des choses réelles : le roman du XIXe siècle était pensé pour couvrir la totalité du marché disponible, il visait tous les lecteurs possibles et, en effet, de Melville à Dumas, il les atteignait tous. S'il nous semble aujourd'hui un produit réservé à une élite, c'est que le terrain de jeu pour ce type d'édition, s'il était largement ouvert, demeurait circonscrit, clos par les murs de l'analphabétisme et des différences sociales. Mais soyons clairs : le roman s'empara de tout le terrain disponible, et ce fut une des plus grandioses opérations commerciales de l'histoire récente. Les lecteurs étaient peu nombreux, mais le roman les conquit tous.

(À présent, si vous pensez au système des livres au XVIIIe siècle, à chacun de ses rouages, vous n'aurez pas de mal à imaginer combien, en son temps, l'irruption du roman y fit tout exploser en imposant une logique nouvelle. Il y a des chances que cette vieille famille élargie d'écrivains-lecteurs ait regardé avec répugnance un commerce et une production qui mettaient des livres entre les mains de dames peu préparées et de commis qui savaient à peine lire. Et en effet, le roman bourgeois naissant fut perçu comme une menace, comme un objet en soi nocif – les médecins, bien souvent, l'interdisaient : sans doute apparut-il comme un effondrement, comme si le geste d'écrire et de lire perdait ce qu'il avait de plus noble. Probable qu'on y ait vu de l'avidité, un désir effréné de succès et de gain. Ce panorama ne vous rappelle-t-il pas quelque chose ?)

Si nous passons du monde des livres à d'autres mondes limitrophes, je voudrais que vous essayiez de songer au moins l'espace d'un instant que, historiquement, il n'y a jamais eu de fracture entre un produit de qualité, d'une part, et un produit commercial, de l'autre. Tout ce que nous considérons aujourd'hui comme un art élevé, à l'abri de la corruption marchande, est né pour satisfaire la totalité de son public, en toute cohérence avec une logique commerciale que les considérations artistiques freinaient peu. L'illusion d'optique qu'engendre en nous la sensation d'un objet élitiste et sophistiqué vient du fait que ces publics, au moins jusqu'aux années cinquante du XXe siècle, sont demeurés restreints et, de fait, élitistes. Mais ce qui les fermait au reste du monde n'était pas tant leur choix sélectif de qualité, c'était la réalité sociale, qui en limitait le rayon d'action aux tranches les plus fortes de la population. Mozart composait pour la totalité du public d'alors, quitte à aller chercher les moins riches dans les théâtres de l'imprésario Schikaneder. Et Verdi était connu de tous ceux qui pouvaient entrer dans un théâtre ou posséder un instrument chez eux : sa musique, il l'écrivait aussi pour le plus ignorant, le plus rustre et le plus insensible d'entre eux. Il est évident qu'à l'intérieur de toute parabole artistique il y a toujours eu des produits plus difficiles et des produits plus faciles, mais cette oscillation ne veut pas dire grand-chose, quand le plus facile est signé Rossini ou Mark Twain. C'étaient des systèmes qui, même quand ils se penchaient sur le moins préparé de leurs spectateurs, conservaient la noblesse du geste dans sa totalité. Et, quand ils sombraient dans la facilité pure et simple (tout l'art que nous avons oublié ensuite), les horreurs qu'ils concoctaient n'entamaient en rien, on l'a vu, la possibilité de cultiver les plantations luxuriantes de produits tout à fait dignes. Même si, par avidité commerciale, on a parfois pu donner aux gens le pire, ce système-là n'a empêché la naissance d'aucun Verdi.

Si vous gardez cette pensée en tête quelques minutes encore, nous pouvons revenir aux livres et essayer de comprendre. Prenez l'Italie des années cinquante. Des années où des gens comme Pavese, Calvino, Gadda, Tomasi di Lampedusa, Moravia, Pasolini concouraient au prix Strega. (Fenoglio a failli en être, mais il dut laisser la place à Pasolini[1] ! Aujourd'hui, on ne risque pas d'avoir ce problème.) Les éditeurs s'appelaient Garzanti, Einaudi, Bompiani, et c'étaient des noms de vraies personnes ! Si nous devons penser à une civilisation qui, aujourd'hui, a été aplanie par les barbares, c'est celle-là. Par la qualité des livres, la stature de ceux qui y travaillaient et même leur manière de travailler, de commercialiser (petites librairies, critiques éminents, quatrièmes de couverture rédigées par Calvino), ces années semblent représenter pour nous le paradis perdu. Mais quelle Italie était-ce ? Sur quel terrain jouaient-ils, exactement ?

Pas facile de répondre, mais je vais essayer. C'était une Italie où les deux tiers de la population ne parlaient que le dialecte. Treize pour cent des gens étaient analphabètes. Parmi ceux qui savaient lire et écrire, environ vingt pour cent n'avaient aucun diplôme. C'était une Italie à peine sortie d'une guerre qu'elle avait perdue, un pays qui ne connaissait guère les loisirs, où la petite

---

1. Fondé en 1947, le Premio Strega est le plus prestigieux des prix littéraires italiens. Contrairement au prix Goncourt, au premier tour ce n'est pas le jury qui sélectionne les candidats, ce sont les maisons d'édition qui envoient chacune le leur. En 1959, l'écrivain Anna Banti proposa la candidature, pour Garzanti, de *Primavera di bellezza*, de Beppe Fenoglio, mais l'éditeur lui préféra *Ragazzi di vita* de Pier Paolo Pasolini. Le prix fut remporté par *Le Guépard* de Giuseppe Tomasi di Lampedusa, qui était le candidat des Éditions Feltrinelli.

bourgeoisie émergente elle-même n'avait pas encore le surplus de revenus grâce auquel financer ses plaisirs et sa formation culturelle. C'était un pays où la trilogie *Nos ancêtres* de Calvino s'est vendue à trente mille exemplaires en sept ans. Je le dis juste pour tracer les limites du terrain : indépendamment de ce qu'ils auraient voulu faire, ceux qui vendaient des livres à l'époque ne pouvaient opérer que sur un marché objectivement petit. Aujourd'hui, nous savons que cet écosystème plutôt restreint engendra de grands professionnels, des auteurs géniaux et des rites élevés. Mais sommes-nous autorisés à penser que ce fut la conséquence de leur réticence à commercialiser ce monde, de leur préférence pour la qualité des personnes et des gestes ? Je ne crois pas. Encore une fois, je pense qu'ils visaient à occuper tout le terrain possible, avec un instinct commercial tout à fait normal, et ce que nous reconnaissons aujourd'hui comme la qualité était précisément l'expression des besoins de la communauté restreinte à laquelle ils s'adressaient : c'était même le miroir de leurs habitudes, de leurs rites quotidiens (le libraire, les pages culturelles des journaux, la bibliothèque dans le salon...). Tout le marché existant était habité par eux et ils donnaient à ce marché très exactement ce qu'il demandait, les produits et les modes de présentation.

Si vous tendez malgré tout à leur attribuer quelque noble réticence à forcer le marché en repoussant les frontières connues à l'aide de produits plus faciles, je vous répondrai ceci : en réalité ils guettaient tout ce qui pourrait ouvrir l'horizon, ils savaient que cela arriverait et ils l'attendaient. À la fin des années cinquante, quand un livre comme *Le Guépard* (ignoré par une bonne partie de l'intelligentsia de l'époque) parvint à se vendre à quatre cent mille exemplaires en trois ans, ils durent bien se douter de quelque chose, ce fut un signal. Ce signal disait qu'un nouveau public venait d'entrer dans la salle, un public encore obligé de choisir, qui achetait peu mais qui très vite aurait assez de temps et assez d'argent pour lire. Dès lors, ils ne se contentèrent pas de l'attendre, ils allèrent à sa rencontre. Et ils agrandirent la salle. Ce fut la naissance de la collection Oscar Mondadori, c'est-à-dire du marché du livre économique, du livre de poche, et elle date de 1965. Un succès immédiat : *L'Adieu aux armes* se vendit à deux cent dix mille exemplaires en *une semaine*. À la fin de la première année, la collection Oscar avait vendu plus de huit millions d'exemplaires. Boum. L'*Italietta*, la petite Italie provinciale, avait vécu : le monde des livres était tout à coup devenu un terrain grand ouvert. Croyez-vous qu'ils se soient arrêtés au bord et se soient demandé s'il était opportun ou non d'aller à sa conquête ? Ils y sont allés, c'est tout. Et l'édition s'est habituée à peupler ce terrain grand ouvert. Depuis, elle ne s'est plus arrêtée : elle s'est laissé envahir par chacune des vagues successives de nouveau public. Jusqu'à celle, énorme, de ces vingt dernières années.

Ce que je veux dire, c'est que, en dépit des apparences, opposer une édition de qualité passée à une édition commerciale présente est une manière inexacte de présenter le problème. Il serait plus plausible d'admettre que l'édition s'est toujours aventurée jusqu'aux limites possibles de la commercialisation, avec l'instinct qui habite tout geste consistant à habiter l'ensemble du champ disponible. Ce que nous pouvons retenir, c'est que, dans un certain contexte historique et dans un certain environnement social, une édition contrainte à des dimensions modestes par des blocs sociaux donnés a atteint une qualité (de produits, de modalités) qui était l'expression exacte des besoins de la microcommunauté à laquelle elle s'adressait. Mais les éditeurs ne privilégiaient pas la qualité sur le marché : ils la trouvaient dans le marché lui-même.

Tout cela conduirait à penser que, en soi, la commercialisation poussée, comme effet de l'instinct qui tend à occuper tout le marché possible, n'est pas une condition suffisante pour justifier le massacre de la qualité. Elle ne l'a jamais été. Donc, si nous continuons à sentir un air d'apocalypse et d'invasion barbare, nous devons plutôt nous demander ce qui l'a réellement engendré, et nous interdire la réponse facile qui consiste à dire que tout est la faute d'une mafia d'affairistes. Au fond, la question correcte à se poser est peut-être celle-ci : quel type de qualité est produit par le marché que nous voyons aujourd'hui à l'œuvre ? Quelle idée de qualité ont imposée les barbares de la dernière vague, ceux qui sont venus envahir les villages du livre ces dix dernières années ? Que diable veulent-ils lire ? Qu'est-ce, pour eux, qu'un livre ? Et quel lien y a-t-il entre ce qu'ils ont dans la tête et ce que nous, nous reconnaissons encore comme l'édition de qualité ? Dans le prochain chapitre, nous verrons s'il est possible de s'approcher d'une réponse.

Livres 2

Quelle idée de qualité ont imposée les barbares de la dernière vague, ceux qui sont venus envahir les villages du livre ces dix dernières années, faisant exploser son chiffre d'affaires ? Que diable veulent-ils lire ? Qu'est-ce, pour eux, qu'un livre ? Et quel lien y a-t-il entre ce qu'ils ont dans la tête et ce que nous, encore, nous reconnaissons comme l'édition de qualité ? Voilà les questions auxquelles nous étions arrivés. Y a-t-il une réponse ?

Je vais essayer d'en trouver une. La première chose que je crois pouvoir dire, c'est que les barbares n'ont pas balayé la civilisation du livre qu'ils ont trouvée : si quelqu'un craint un génocide plus ou moins conscient de cette tradition-là, il désigne peut-être un risque possible, mais pas une réalité en cours. J'ai simplement demandé autour de moi ce qu'il en est de cette littérature que, par exemple, nous, les vieux, continuons à appeler littérature « de qualité ». Le verdict des techniciens, même les plus sceptiques face à l'orientation que le marché des livres est en train de prendre, c'est que cette littérature a largement profité de l'élargissement du marché : elle vend *un peu plus,* parfois *beaucoup plus* et presque jamais *beaucoup moins*. Ni les mégastores ni le cynisme des maisons d'édition et de la distribution n'ont réussi à l'évincer. Je ne m'étendrai pas, car il ne s'agit pas ici d'un livre sur les livres, mais c'est ainsi. Aujourd'hui, un écrivain de qualité comme Tabucchi vend plus que ne pouvait objectivement vendre un Fenoglio en son temps. Ce qui nous incite à croire le contraire, c'est la perspective, le jeu des proportions : pendant que Tabucchi, notre exemple, a honorablement amélioré ses ventes, tous les autres, ceux qui ne font pas, pour nous, les vieux, des livres de qualité, ont *énormément* augmenté leur champ d'influence. Ainsi, le marché du livre finit par apparaître comme un énorme œuf sur le plat dont le jaune, plus grand que par le passé, serait l'édition de qualité, et le blanc, qui a pris des proportions gigantesques, serait tout le reste. En ce sens, si on veut comprendre les barbares, c'est ce blanc qu'il faudrait analyser : il est le terrain sur lequel ils se sont installés, sans trop déranger le jaune. Pouvons-nous essayer de comprendre de quoi il est fait ?

J'ai ma petite idée. Le blanc est fait de livres qui ne sont pas des livres. La majeure partie de ceux qui achètent des livres aujourd'hui ne sont pas des lecteurs. Dit ainsi, cela ressemble à l'habituelle litanie du réactionnaire qui hoche la tête en signe de réprobation (c'est la traduction du slogan : « Aujourd'hui les gens ne lisent plus »). Mais regardez les choses de manière intelligente : c'est là que se cache une des manœuvres qui font le génie des barbares, l'idée bizarre qu'ils ont de la *qualité*. J'essaierai de l'expliquer en partant de l'indice le plus évident et le plus vulgaire : si vous regardez une liste des meilleures ventes, vous y trouverez une quantité impressionnante de titres qui n'existeraient pas s'ils ne naissaient pas, pour ainsi dire, à l'extérieur du monde des livres. Des livres qui ont donné lieu à un film, des romans écrits par des vedettes de la télévision, des récits concoctés pour une raison ou pour une autre par des gens connus. Ces livres racontent des histoires qui ont déjà été racontées ailleurs ou ils expliquent des faits qui se sont déjà passés à un autre moment et sous une autre forme. Naturellement, la chose agace et donne la sensation diffuse que le bas de gamme domine. Mais il est aussi vrai que, dans sa forme la plus vulgaire, résonne un principe qui, lui, ne l'est pas : l'idée que la valeur du livre réside dans ce qu'il s'offre comme élément d'une expérience plus vaste, comme segment d'une séquence commencée ailleurs et qui, peut-être, se terminera ailleurs. L'hypothèse que nous pouvons en tirer est celle-ci : les barbares utilisent le livre pour compléter des séquences de sens qui sont nées ailleurs. Ce qu'ils refusent, ce qui ne les intéresse pas, c'est le livre qui se réfère d'abord à la grammaire, à l'histoire, au goût de la civilisation du livre : celui-là, ils le jugent pauvre de sens. Il n'est pas insérable dans une séquence transversale et doit donc leur sembler terriblement asphyxiant. En tout cas, ce n'est pas le jeu auquel ils savent jouer.

Pour bien comprendre, pensez, mettons, à Faulkner. Pour descendre avec Faulkner dans un de ses livres, de quoi a-t-on besoin ? D'avoir lu beaucoup d'autres livres. En un certain sens, il faut maîtriser la totalité de l'histoire littéraire : maîtriser la langue littéraire, être habitué au temps aberrant de la lecture, être aligné sur un certain goût et une certaine idée de la beauté qui se sont construits au fil du temps à l'intérieur de la tradition littéraire. Y a-t-il quelque chose d'extérieur à la civilisation des livres qui soit nécessaire pour faire ce voyage ? Quasiment rien. S'il n'existait rien d'autre que les livres, ceux de Faulkner seraient tout à fait compréhensibles. Là, le barbare s'arrête. Quel sens ça a, se demande-t-il, de se donner autant de mal pour apprendre une langue mineure, alors que le monde entier est à découvrir, un monde qui parle une langue que je connais ?

Voulez-vous une petite règle qui résume tout cela ? La voici : *les barbares tendent à ne lire que les livres dont le mode d'emploi est donné dans des lieux qui* NE SONT PAS *des livres.*

Quand tout se limite à la lecture de livres écrits par des chanteurs plutôt que par Flaubert, ou de romans de cet écrivain sympa et sexy vu à la télévision, ç'a quelque chose de plutôt déprimant. Mais, je le répète, ce n'est que l'aspect le plus vulgaire, le plus simple du phénomène. Qui présente aussi des facettes plus raffinées. Un exemple formidable reste, pour moi, celui des livres vendus en supplément avec la presse quotidienne. Le phénomène ne vous a sûrement pas échappé. Mais vous n'avez peut-être pas idée de ses dimensions. Les voici : depuis que quelqu'un a eu l'idée de vendre à bas coût une sélection de livres en même temps que les quotidiens, les Italiens en ont acheté, durant les seules deux premières années, plus de quatre-vingts millions d'exemplaires. Croyez-moi, ce chiffre n'a aucun sens. Et savez-vous une chose curieuse ? Selon les experts, un tel déferlement de passion littéraire n'a pas fait bouger d'un millimètre les ventes traditionnelles de livres. On pouvait penser que, pendant quelques années, ces derniers se vendraient moins : il n'en a rien été. Ou que leurs ventes augmenteraient : il n'en a rien été non plus. Fantastique, non ? Quelqu'un y comprend-il quelque chose ?

Des explications, il peut y en avoir beaucoup. Mais pour ce qui nous intéresse ici, une chose est révélatrice : cette manière de vendre les livres donnait l'impression que ces livres étaient un segment d'une séquence plus vaste, que les gens utilisaient couramment, avec confiance et satisfaction. Ils étaient un prolongement de l'univers de *La Repubblica*, du *Corriere della Sera* ou de la *Gazzetta dello Sport*. La promesse tacite était que lire Flaubert serait un geste s'inscrivant parfaitement dans le fait de recevoir de l'information, d'avoir un goût culturel précis, de partager une certaine passion politique ou de pratiquer les mêmes loisirs. La promesse, encore plus tacite, était que ceux qui lisaient ce journal avaient aussi le mode d'emploi pour faire fonctionner ces étranges objets-livres. Mais il n'en était rien, parce que Faulkner reste Faulkner, même si on vous le met entre les mains avec nonchalance : les gens les ont donc achetés, mais ils ne les ont probablement pas lus. Il a cependant suffi que quelqu'un juge intellectuellement possible pour Faulkner de s'intégrer à cette séquence narrative, pour que les barbares (ou ce qu'il y a en nous de barbare, même chez les passéistes les plus endurcis) répondent instinctivement avec enthousiasme. Résultat : des gens qui jamais, au grand jamais, n'auraient acheté Flaubert l'ont acheté. Et des gens qui l'avaient déjà en ont acquis un deuxième exemplaire. Tous victimes de la même illusion : que tout à coup la nature autarcique de la littérature s'était brisée comme par enchantement. (Sans compter que pouvoir l'acheter d'une manière aussi *simple*, « Tiens, donnez-moi aussi ça », était symboliquement très fort. Quelques euros. Et on s'en va, Faulkner glissé dans les pages du journal. C'était *rapide*. Vous ne devez pas sous-évaluer ça : c'était *rapide*. C'était un geste qui pouvait s'inscrire dans une séquence rapide d'autres gestes. Ce n'était pas comme prendre sa voiture, se garer, entrer dans la librairie et parler un peu avec le libraire, avant de choisir, de payer, de sortir et enfin de reprendre sa voiture, puis, finalement, de pouvoir faire autre chose. C'était rapide. Et pourtant, entre les mains on avait Faulkner, pas Dan Brown. Vous la voyez maintenant, l'illusion meurtrière ?)

Je résume : en examinant le blanc de l'œuf, on trouve de nombreux comportements simplistes et aussi l'apparition d'une idée, bizarre mais pas idiote, le livre comme point de passage de séquences dont l'origine est ailleurs et la destination aussi. Une sorte de neurotransmetteur, qui fait transiter du sens à partir de zones limitrophes, contribuant ainsi à la création de séquences d'expériences transversales. Cette idée est si loin d'être idiote qu'elle a même commencé à modifier le jaune de l'œuf, à le contaminer. Ce n'est pas simple, mais j'essaierai d'expliquer.

Livres 3

Je voulais dire plus ou moins ceci : les barbares ne détruisent pas la citadelle de la qualité littéraire (le jaune d'œuf, comme nous l'avons appelé), mais il est indéniable qu'ils l'ont contaminée. Un peu de leur conception du livre est arrivé jusque-là. Ce qui m'a aidé à le comprendre, c'est d'être tombé, il y a quelque temps et par hasard, sur une page de l'écrivain Goffredo Parise. Écoutez un peu. C'est un article sur son contemporain Guido Piovene. Elle commence de cette façon :

> *[Piovene] est le troisième grand ami de la* last generation. *Le premier fut Giovanni Comisso, puis Gadda. J'ai dit «* last generation *», car, en réalité, la génération littéraire à laquelle Guido Piovene appartient, en même temps que Comisso et Gadda, et à laquelle appartiennent aujourd'hui Montale et Moravia, est véritablement la dernière. La nôtre, la mienne, celle de Pasolini et de Calvino, est quelque chose d'hybride, après la dernière : car ce poison (la littérature, la poésie), nous en fûmes nourris dans notre jeunesse, croyant dans sa vie longue et fascinante.*

C'était intéressant. Ça faisait remonter la question loin en arrière : ces choses-là, Parise les écrivait en 1974 ! Et c'était quoi, cette histoire de Calvino et Pasolini déjà *post* ? Il s'en expliquait un peu plus loin :

[Je l'appelle la] dernière génération parce qu'elle eut le temps de jouir de cette beauté stylistique, et de voir et vivre les fruits créatifs et destructeurs de cette âme, la vie, la guerre et l'art, qui appartiennent aujourd'hui au programme des marchés industriels et politiques.

Voici donc quelqu'un qui m'explique que tout a commencé il y a plus de trente ans, quand les mégastores n'existaient pas et les livres d'humoristes non plus. À un moment donné, quelque chose s'est cassé, affirme Parise. J'aurais aimé qu'il dise quoi exactement. Mais ensuite l'article partait dans une autre direction. Non sans avoir pointé, comme en passant, une petite phrase qui m'est restée en mémoire :

Comme Montale et Moravia, et au contraire de nous, Piovene avait vécu un certain nombre d'années pendant lesquelles les mots écrits furent expression, bien plus que communication.

Expression bien plus que communication. Voilà le point. La faille. Le début de la fin. Ce sont des mots vagues (expression, communication), mais qui ont eu pour moi la saveur d'une intuition précieuse. Peut-être ai-je mal compris mais, dans mon esprit, cette phrase indiquait *le sens d'un mouvement*. Elle ne l'expliquait pas, mais elle signalait très bien la route : une route horizontale et non verticale. Tout à coup, le mot écrit déplaçait son barycentre, de la voix qui le prononçait à l'oreille qui l'écoutait. Il remontait à la surface, si l'on peut dire, pour aller se jeter dans le cours du monde : quitte à perdre, en prenant congé de ses racines, tout ce qui faisait sa valeur.

Comme l'avait deviné Parise, ce n'était pas une simple variation du statut d'un art : c'était sa fin. *Last generation*. Ce qui est venu après est déjà une contamination barbare, quoique très prudente, graduelle et réformiste. Nous la percevons comme une apocalypse, car en effet elle sape les fondements de la civilisation du mot écrit et ne lui laisse aucune perspective de survie. Mais en réalité, sans trop attirer l'attention, elle ne se contente pas de détruire une certaine idée de civilisation et de qualité littéraire, elle en poursuit une autre. C'est une idée que nous avons vu poindre dans le bas de gamme qui remplit les listes des meilleures ventes, mais qu'ici nous voyons à l'œuvre dans un contexte plus élevé : directement dans le jaune d'œuf. Cela vient de la petite phrase de Parise, mais va beaucoup plus loin. Ça dit : privilégier la communication ne signifie pas écrire des choses banales de manière plus simple afin d'être mieux compris, cela signifie devenir des éléments d'expériences plus vastes, qui ne naissent ni ne meurent dans la lecture. Pour les barbares, la qualité d'un livre réside dans la quantité d'énergie que ce livre est en mesure de recevoir d'autres narrations, avant de la reverser dans d'autres narrations. Si dans un livre *passe* une grande quantité de monde, c'est un livre à lire. En revanche, même si le monde entier est dedans, mais *immobile*, sans communication avec l'extérieur, c'est un livre inutile. Je sais que ça fait peur, mais je vous demande d'accepter qu'il s'agisse là de leur principe, bon ou mauvais. Et d'en mesurer les conséquences.

Je tiens à le dire franchement : aucun livre ne peut être ainsi s'il n'adopte pas la langue du monde. S'il ne s'aligne pas sur la logique, les conventions, les principes de la langue la plus forte produite par le monde. S'il n'est pas un livre *dont le mode d'emploi est donné dans des lieux qui ne sont PAS uniquement les livres.* Il n'est pas facile de dire quels sont ces lieux, mais aujourd'hui la langue du monde se forme indéniablement à la télévision, au cinéma, dans la publicité, dans les chansons, peut-être dans la presse. C'est une sorte de langue de l'Empire, comme un latin qui serait parlé par le monde occidental tout entier. Elle est faite d'un lexique, d'une certaine idée du rythme, d'une collection de séquences émotives standard, de quelques tabous, d'une idée précise de vitesse, d'une géographie de caractères. Les barbares vont vers les livres, et ils le font volontiers, mais pour eux n'ont de valeur que les livres écrits dans cette langue. Car, ainsi, ce ne sont pas des livres, mais des segments d'une séquence plus vaste, écrite dans les caractères de l'Empire, qui a peut-être commencé dans le cinéma puis est passée par une chanson, qui a atterri à la télévision et s'est répandue sur Internet. Le livre en lui-même n'est pas une valeur : la valeur, c'est *la séquence.*

À un moindre niveau, on l'a vu, tout cela produit un lecteur qui, après une émission de télévision qui lui plaît, achète le livre du présentateur ou, après avoir vu *Le Monde de Narnia*, achète le roman dont le film est tiré. Mais, à un niveau un peu plus raffiné, cela donne, par exemple, les lecteurs des livres de genre, en particulier les thrillers. Car les genres trouvent souvent leur fondement en dehors de la tradition littéraire : on peut n'avoir lu aucun livre et connaître les règles du polar. Ce sont des livres écrits dans la langue du monde. Ils sont écrits en latin. Pour être plus précis, leur ADN est écrit dans un code universel, en latin. Leurs traits somatiques peuvent ensuite être particuliers ou extravagants : c'est même une raison de plus de s'y intéresser. Assuré de la porte d'entrée qu'est la langue universelle, le barbare peut s'aventurer très loin sur le terrain de la variante ou du raffinement.

Pensez à Camilleri : sa langue vous semble-t-elle globalisée, standardisée, mondiale ? Évidemment non. Pourtant, nombreux sont les barbares qui n'ont aucune difficulté à l'aimer : parce que, avant cela, les livres de Camilleri sont des livres écrits en latin, au point que, si le barbare, suivant son instinct caractéristique, les inscrit dans une séquence plus vaste et transversale en les traduisant en langage télévisé, ces livres n'opposent pas de résistance, ils sont comme traduits d'avance. Pourtant, la langue de Camilleri est extraordinaire, raffinée, littéraire, et même un peu difficile. Mais là n'est pas la question. Il est plus difficile de traduire Camilleri en français que de le traduire en langage télévisé : là est la question. Dans des livres comme les siens se rencontrent, à mon avis, tout le poids de l'ancienne et noble civilisation littéraire, d'une part, et la secousse de l'idéologie des barbares, de l'autre : ce sont des animaux mutants et, en cela, ils décrivent bien la contamination à laquelle le jaune d'œuf a été soumis.

Il est souvent stupide de donner une date précise aux révolutions, mais si je pense au petit jardin de la littérature italienne, je me dis alors que le premier livre de qualité à avoir deviné ce tournant et à l'avoir dépassé a été *Le Nom de la rose* d'Umberto Eco (1980, un best-seller planétaire). C'est probablement là que la littérature italienne, au sens ancien de civilisation du mot écrit et de l'expression, a pris fin. Et que quelque chose d'autre, de barbare, est né. Ce n'est pas un hasard si celui qui a écrit ce livre venait d'une zone limitrophe, sans être un écrivain à proprement parler : ce livre-là était déjà, en lui-même, une séquence, un transfert d'une province à une autre. Il n'avait pas jailli du talent d'un animal-écrivain, mais de l'intelligence d'un théoricien qui, comme par hasard, avait étudié avant tout le monde et, mieux que les autres, les voies de communication transversales du monde. Pour moi, c'est le premier livre bien écrit dont on puisse dire tranquillement que son mode d'emploi est intégralement fourni dans des lieux qui ne sont pas les livres. Cela peut sembler paradoxal, puisque ça parlait d'Aristote, de théologie et d'histoire, mais la réalité, c'est ainsi : si vous y réfléchissez, même si vous n'avez jamais lu de livre avant, *Le Nom de la rose* vous plaira. Il est écrit dans une langue que vous avez apprise ailleurs. Après ce livre, il n'y a plus eu de jaune d'œuf à l'abri de cette maladie.

Voilà[1]. C'était un peu long, mais notre visite du village saccagé des livres est terminée. Que faut-il retenir de ce petit voyage ? Deux choses. La première : les grands

---

1. En français dans le texte.

marchands ne créent pas des besoins, ils y répondent. S'il y a des besoins nouveaux, ils naissent du fait que des gens nouveaux ont eu accès au champ restreint du désir. La seconde : dans ce village aussi, les barbares sacrifient le quartier le plus haut, le plus noble et le plus beau, au profit d'une dynamisation du sens. Ils vident le tabernacle, l'essentiel est que l'air y passe. Ils ont une bonne raison pour le faire : c'est l'air qu'ils respirent.

D'abord le vin, ensuite le football et enfin les livres. Nous voulions comprendre comment les barbares combattent et nous avons maintenant quelques outils pour le faire. Ici finit la première partie de ce livre (« Saccages ») et commence la deuxième, celle qui va droit au but : dresser le portrait du mutant, prendre une photo du barbare. Titre : « Respirer avec les branchies de Google ». Vous comprendrez vite.

RESPIRER AVEC LES BRANCHIES DE GOOGLE

Google 1

Je passais en revue dans ma tête ces petites découvertes faites en observant les saccages des barbares. C'était tout ce que je savais d'eux. Comment ils combattaient. Je les réécrivais, en colonnes ou à la suite : j'inversais l'ordre, j'essayais de le faire par ordre alphabétique. Il m'apparaissait évident qu'en arrivant à les lire ensemble, dans un même mouvement harmonique, je parviendrais alors à voir l'animal : en pleine course. Et je comprendrais peut-être où il allait, quel type de force il utilisait et pourquoi il courait. C'était comme d'essayer de réunir des étoiles dans la figure définie d'une constellation : j'obtiendrais le portrait des barbares.

Une innovation technologique qui brise les privilèges d'une caste en ouvrant la possibilité d'un geste à une population nouvelle.

L'extase commerciale qui va habiter cet agrandissement exponentiel du terrain de jeu.

La valeur du spectaculaire comme unique valeur intouchable.

L'adoption d'une langue moderne comme langue de

base pour toute expérience et comme condition préalable de tout ce qui arrive.

La simplification, la superficialité, la vitesse, le juste milieu.

L'accoutumance paisible à l'idéologie de l'Empire américain.

Cet instinct qui pousse à la laïcité, qui pulvérise le sacré en une myriade d'intensités plus légères et prosaïques.

L'idée stupéfiante qu'une chose, quelle qu'elle soit, n'a de sens et d'importance que si elle peut s'insérer dans une séquence plus vaste d'expériences.

Et cette attaque systématique, presque brutale, du tabernacle : toujours et uniquement contre l'aspect le plus noble, cultivé et spirituel de tout geste singulier.

Je le dis sincèrement : je n'ai aucun doute quant au fait que ce soit là leur manière de combattre. Je n'ai pas de doute quant au fait qu'ils accomplissent toutes ces opérations simultanément et qu'elles représentent donc à leurs yeux un seul et même geste. C'est nous qui sommes aveugles et qui ne le comprenons pas, alors que pour eux c'est simple : l'animal court, un point, c'est tout. Je sais que le portrait des barbares se cache là, inscrit dans ces quelques lignes, dans cette sorte de liste de commissions. À présent j'aimerais que vous la gardiez dans votre poche, cette liste, faite de mots devenus les vôtres, que vous pourriez expliquer à votre petite amie ou évoquer à l'intention de votre enfant. Si ce n'est pas le cas, c'est un désastre. Mais je ne crois pas aux désastres.

Je pense que vous avez compris, si vous avez lu vous

avez compris, et vous comprendrez bien pourquoi, à un moment donné, à force de dormir sur cette liste de commissions, je l'ai vu, l'animal, oh yes, il était là et il courait, il se laissait voir. Pas nettement, c'est évident : il courait au plus profond des bois, on le voyait juste de loin, mais c'était lui, ou du moins je crois que c'était lui. Et là où il n'y avait que des étoiles, regardez : une constellation. C'est parce que je ne suis pas un barbare que tout a commencé par la lecture d'un livre. Ce n'était pas Kant, ni même Benjamin, cette fois. C'était un livre sur *Google*.

Google est le moteur de recherche le plus connu, le plus apprécié et le plus utilisé dans le monde. Un moteur de recherche, c'est-à-dire un outil inventé pour s'orienter dans l'océan des sites Internet. Vous écrivez ce qui vous intéresse («lasagnes») et il vous donne la liste de tous les sites, je dis bien tous, où il est question de lasagnes (seize millions cent mille, soit dit en passant). Aujourd'hui, sur la planète Terre, si un humain allume un ordinateur, dans quatre-vingt-quinze pour cent des cas il le fait pour effectuer une de ces deux opérations : échanger des courriels et consulter un moteur de recherche (et je fais remarquer au passage qu'une fois sur quatre, quand un humain écrit un mot dans un moteur de recherche, ce mot a quelque chose à voir avec le sexe et la pornographie. Quels gais lurons !). Il faut préciser que cela n'a pas toujours été le cas. Avec cette singulière forme de myopie caractérisant le regard de tous les prophètes qui voient juste, les premiers maîtres du réseau avaient deviné que nous nous saoulerions de courriels, mais ils avaient exclu que nous utiliserions cette chose absurde que paraissait être un moteur de recherche. Je crois qu'ils pensaient à la fameuse aiguille dans une meule de foin : ça n'avait aucun sens de chercher les choses de cette façon-là. Ce à quoi ils croyaient, c'étaient aux *portails* : une des idées qui a fait perdre le plus d'argent il y a quelques années. C'est-à-dire qu'ils croyaient que nous aurions tous cherché un fournisseur de confiance à qui nous demanderions tout : les prévisions météo, les photos de Laetitia Casta nue, informations, musique, films et naturellement aussi la recette des lasagnes. Autrement dit, nous entrerions dans l'immense océan du réseau en choisissant une porte particulière, qui nous conviendrait et ensuite nous guiderait. Un portail, donc. Aujourd'hui, apparemment, presque plus personne n'imagine procéder ainsi. Nous ne nous sommes pas laissé avoir ! (Expliquez-moi pourquoi je devrais dépendre d'un portail pour connaître le temps qu'il fait, quand je peux aller directement sur un site météo sans devoir m'envoyer tout le reste : voilà ce que nous avons tous pensé, plus ou moins.) Bref, ils n'y croyaient pas et, pendant qu'ils dépensaient des sommes astronomiques pour ces portails, les moteurs de recherche étaient à l'abandon, ils prenaient l'eau de toutes parts en attendant le moment de disparaître.

Puis, las de perdre leur temps sur le moteur AltaVista, deux étudiants de l'université de Stanford se dirent que l'heure était venue d'inventer un moteur de recherche digne de ce nom. Ils allèrent trouver leur professeur pour lui dire que ce serait le sujet de leur thèse de doctorat. Très intéressant, leur dit-il, en ajoutant quelque chose comme : Assez plaisanté, dites-moi à quoi vous pensez. Il s'avère que, pour programmer un moteur de recherche, il fallait, d'abord et avant tout, charger Internet entier sur un ordinateur. Sans un jeu qui comporte toutes les cartes, on ne peut pas inventer un tour de magie pour trouver celle qu'on cherche. Et là, il s'agissait de charger quelque chose comme trois cents millions de pages Web. Mais en fait, on ne savait même pas exactement jusqu'où s'étendait le grand océan et tous savaient que de nouvelles plages apparaissaient chaque jour. Le prof dut se dire que ces deux-là lui proposaient de partir faire le tour du globe en baignoire. La baignoire, c'était l'ordinateur assemblé qu'ils avaient dans leur garage.

Je me l'imagine se laissant aller contre le dossier du fauteuil, les jambes tendues, et demandant avec un petit sourire de mandarin : Auriez-vous l'intention de charger Internet entier ?

Nous sommes déjà en train de le faire, répondirent-ils.

Applaudissements.

Google 2

Les deux jeunes Américains qui, contre tout bon sens, téléchargeaient la totalité du réseau sur un ordinateur installé dans leur garage s'appelaient Larry Page et Sergueï Brin. À l'époque, ils avaient vingt-trois ans. Ils faisaient partie de la première génération qui avait grandi entourée d'ordinateurs : des gens qui, dès l'école primaire, vivaient en se servant d'une seule main parce que l'autre était vissée à la souris. De plus, ils venaient tous les deux de familles d'enseignants ou de chercheurs en informatique. Et ils étudiaient à la Silicon Valley. En outre, ils avaient des cerveaux extraordinaires. Aujourd'hui, ce qui nous frappe, c'est qu'ils aient réussi tous les deux à gagner en quelques années plusieurs dizaines de milliards de dollars, mais il est important de comprendre qu'au début ce n'était pas l'argent qu'ils cherchaient.

Ils s'étaient fixé un objectif dont la folle naïveté n'avait d'égale que sa simplicité philanthropique : rendre accessible tout le savoir du monde, à n'importe qui et de manière facile, rapide et gratuite. Le plus beau, c'est qu'ils y sont parvenus. Leur créature, Google, est de fait ce qui ressemble le plus pour nous à l'invention de l'imprimerie. Ces deux-là sont les seuls Gutenberg apparus après Gutenberg. Je n'exagère pas : comprenez que c'est vrai, profondément vrai. Aujourd'hui, en utilisant Google, il faut une poignée de secondes et une dizaine de clics pour qu'un humain doté d'un ordinateur jette l'ancre dans n'importe quelle baie du savoir. Savez-vous combien de fois les habitants de la planète Terre feront cette opération aujourd'hui, précisément aujourd'hui ? Un milliard de fois. À peu près cent mille recherches à la seconde. Avez-vous idée de ce que cela veut dire ? Percevez-vous l'immense sentiment de libération, entendez-vous les hurlements apocalyptiques des grands prêtres qui se voient écartés et soudain inutiles ?

Je sais, il y a une objection de taille : ce qui se trouve sur la Toile, si énorme celle-ci soit-elle, n'est pas le savoir. En tout cas, pas *tout* le savoir. Bien qu'elle corresponde souvent à une certaine incapacité à se servir de Google, cette objection est sensée. Mais ne vous faites pas d'illusions. Pensez-vous que ce ne fut pas la même chose pour l'imprimerie et Gutenberg ? Vous représentez-vous les tonnes de culture orale, irrationnelle, ésotérique qu'aucun livre imprimé n'a jamais pu contenir ? Y pensez-vous, à tout ce qui a été perdu parce que ça n'entrait pas dans les livres ? Ou à tout ce qu'on a dû simplifier, voire dégrader, pour réussir à en faire de l'écriture, du texte, un livre ? Pourtant, nous n'avons pas trop pleuré là-dessus et nous nous sommes habitués à ce principe : l'imprimerie, comme la Toile, n'est pas un contenant innocent qui héberge le savoir, mais une forme qui modèle le savoir à son image. C'est un entonnoir dans lequel passent les liquides, et tant pis pour, que sais-je, une balle de tennis, une pomme ou un chapeau. Que cela plaise ou non, c'est arrivé avec Gutenberg, ça se reproduira avec Page et Brin.

Je le dis pour souligner que, si nous parlons ici de Google, ce n'est pas comme d'une curiosité ou d'une expérience parmi d'autres, par exemple le vin ou le football. Google a moins de vingt années d'existence et il est déjà au cœur de notre civilisation. Quand on le consulte, on n'est pas en train de visiter un village saccagé par les barbares, on est dans leur campement même, dans leur capitale, dans le palais impérial. Suis-je clair ? S'il y a un secret, c'est de ce côté qu'on va pouvoir le trouver.

Il devient donc important de comprendre ce qu'ont fait exactement ces deux-là et que personne n'avait imaginé avant eux. La bonne réponse serait : beaucoup de choses. Mais il y en a une en particulier qui, pour ce livre, semble révélatrice. Je m'explique. Si bizarre que cela puisse paraître, le vrai problème, pour peu qu'on veuille inventer un moteur de recherche parfait, n'est pas tant de devoir télécharger une base de données de treize milliards de pages Internet (leur nombre en 2006). Au fond, si on empile des milliers d'ordinateurs dans un hangar et qu'on fasse partie de ceux qui sont nés avec Windows, on s'en sortira tranquillement. Le vrai problème est ailleurs : une fois qu'on a isolé au milieu de cet océan les seize millions de pages où apparaît le mot *lasagnes*, comment fait-on pour les mettre dans un ordre qui facilite la recherche ? Il est clair que si on les empile comme ça, au hasard, tout ce travail ne sert à rien, ce serait comme faire entrer quelqu'un dans une bibliothèque où il y a seize millions de volumes (sur les lasagnes) et lui dire : maintenant, débrouille-toi. Si on ne résout pas ce problème, le savoir reste inaccessible et les moteurs de recherche inutiles.

Quand Brin et Page ont commencé à chercher une solution, ils savaient parfaitement que les autres, ceux qui essayaient déjà de leur côté, étaient loin d'avoir trouvé. En général, ceux-ci travaillaient à partir d'un principe très logique, trop logique même et, à y repenser, typiquement prébarbare, donc ancien. Concrètement, ils s'appuyaient sur les répétitions. Plus nombreuses étaient les occurrences du mot recherché dans une page, plus cette page grimpait jusqu'aux premières places. D'un point de vue conceptuel, c'est une solution qui renvoie à un mode de pensée classique : le savoir est là où l'étude est la plus approfondie et articulée. Si quelqu'un a écrit un essai sur les lasagnes, il est probable que le terme « lasagne » revienne de nombreuses fois, et celui qui cherche est donc renvoyé à celui-là. Naturellement, outre qu'il était obsolète, ce système prenait l'eau de toutes parts. Un essai stupide sur les lasagnes figurait de cette façon bien avant une simple, mais très utile, recette. De plus, comment faire pour éviter le site personnel de M. Mario Lasagne ? C'était l'enfer. AltaVista (le meilleur moteur de recherche, à l'époque) réagit par une manœuvre qui en dit long sur le caractère conservateur de ces premières solutions : on eut l'idée d'activer des *editors* qui étudieraient les seize millions de pages sur les lasagnes, puis les classeraient par ordre d'importance. Même un enfant aurait compris que ça ne pouvait pas marcher. Mais ils essayèrent quand même et c'est à marquer d'une pierre blanche : c'est la dernière tentative désespérée de confier à l'intelligence et à la culture la tâche d'évaluer l'importance des lieux du savoir. Après, tout changerait. Après, commençait la terre des barbares.

Google 3

On était en 1996, pour être précis. Plus ils exploraient les moteurs de recherche existants, plus Page et Brin étaient convaincus qu'on pouvait faire beaucoup mieux. Un jour, ils en découvrirent un qui ne se trouvait pas lui-même. Il s'appelait Inktomi. Quand on tapait Inktomi, on n'obtenait aucune réponse ! Il était urgent de faire quelque chose.

Comme nous le disions, le principal problème était de classer les résultats : comment donner un ordre hiérarchique aux kilomètres de pages qui sortaient quand on lançait une recherche. Lorsque tout allait bien, les moteurs de recherche existants plaçaient en premier les pages où le mot recherché apparaissait plusieurs fois. C'était certes mieux que rien. Page passait donc tout son temps à regarder comment s'en sortait le meilleur de ces moteurs de recherche, AltaVista. Et c'est alors qu'il commença à noter une chose qui attira son attention. C'étaient des mots ou des phrases, soulignés : quand on cliquait dessus, on atterrissait directement sur une page Web. C'étaient des liens hypertextes. Nous les utilisons couramment aujourd'hui, mais à l'époque on apprenait tout juste à s'en servir. D'ailleurs, AltaVista ne savait pas trop quoi en faire : il en faisait la liste et ça lui suffisait.

Pour Page et Brin, en revanche, ce fut là que tout commença. Ils furent parmi les premiers à deviner que ces liens n'étaient pas une option en plus sur la Toile : ils étaient son sens même, son accomplissement ultime. Sans les liens, Internet serait resté un catalogue, nouveau dans sa forme, mais traditionnel dans son essence. Avec les liens, le réseau devenait quelque chose qui allait changer la façon de penser.

Tout le monde peut avoir des intuitions, le vrai problème est d'y croire. Page et Brin y ont cru. Ils cherchaient un système pour évaluer l'utilité des pages dans le cadre d'une recherche donnée et ils ont découvert un principe en apparence élémentaire : *les plus importantes sont les pages auxquelles renvoie le plus grand nombre de liens.* Les pages qui sont le plus citées par d'autres pages.

Faites attention. Il y a une manière expéditive et inutile de comprendre cette intuition : c'est de l'aligner sur le principe commercial selon lequel ce qui vaut le plus est ce qui vend le plus. En soi, c'est un principe obtus, qui mène à un cercle vicieux : ce qui vend plus aura plus de visibilité et par conséquent vendra encore plus. Mais en réalité Page et Brin ne pensaient pas à cela. Ils avaient bien autre chose à l'esprit. Ils avaient grandi dans des familles de scientifiques et de savants, et, ce qu'ils avaient à l'esprit, c'était le modèle des revues scientifiques. Là, on pouvait juger de la valeur d'une recherche au nombre de fois où elle était citée par d'autres recherches. Ce n'était pas une histoire commerciale, mais logique : si des résultats étaient convaincants, ils étaient repris par d'autres chercheurs qui, donc, les citaient. Page et Brin étaient convaincus qu'on pouvait considérer les liens comme les citations dans un article scientifique. Un site était donc d'autant plus fiable et utile qu'il était signalé par d'autres sites. Vu sous cet angle, vous admettrez que ça paraît déjà plus subtil. Risqué, mais subtil.

Leur intuition est devenue quelque chose de véritablement fracassant quand ils se sont décidés à faire le pas suivant. Ils ont compris que, pour être encore plus efficace, il faudrait tenir compte de la valeur du site d'où venait le lien. Autrement dit, pour en revenir aux revues scientifiques, si on est cité par Einstein c'est une chose, si c'est par un cousin, c'en est une autre. Comment établir, dans l'océan du réseau, qui est Einstein et qui est votre cousin ? La réponse qu'ils ont donnée est sans appel : Einstein, c'est le site vers lequel pointe le plus grand nombre de liens. Donc un lien qui vient de Yahoo ! est plus significatif qu'un lien venu du site personnel de Mario Rossi. Non que Rossi soit un imbécile ou que son nom soit moins joli. Simplement, il y a des milliers de liens qui, de toutes parts, renvoient à Yahoo ! alors qu'à celui de Rossi il y en a juste quelques-uns (sa fille, son club de pétanque).

Google est né de là. De l'idée que les trajectoires suggérées par des millions de liens creuseraient les sentiers de randonnée du savoir. Restait à trouver un algorithme, monstrueusement difficile, pour intégrer ce calcul vertigineux de liens qui s'entrecroisaient. C'était le travail de Page, le mathématicien du duo. Aujourd'hui, quand vous cherchez « lasagnes » sur Google, ce que vous trouvez est une liste infinie dont vous ne lirez que les trois premières pages : dans ces trois premières pages se trouvent tous les sites dont vous avez besoin, que Google a identifiés en croisant différents types d'évaluation. La recette est secrète, mais chacun sait que l'ingrédient principal, génial, est fourni par cette théorie des liens.

Ceci n'est pas un livre sur les moteurs de recherche, ça ne m'intéresse donc pas de savoir si ces deux-là avaient raison ou tort. Ce qui m'intéresse, c'est d'isoler le principe autour duquel Google a été construit, parce que je crois qu'il y a là une sorte de bande-annonce de la mutation en cours. Le plus brutalement possible, j'en livre un premier énoncé imparfait : la valeur d'une information, sur le réseau, est donnée par le nombre de sites qui orientent vers cette information, et donc par la vitesse avec laquelle, si on la cherche, on la trouvera. Prenez ça à la lettre : cela ne veut pas dire que le texte le plus important sur les lasagnes est celui qui est lu par le plus grand nombre de gens, cela ne veut pas dire non plus qu'il est le mieux fait. Cela veut dire que c'est celui auquel vous arrivez en premier si vous cherchez quelque chose d'exhaustif sur les lasagnes.

Pour être plus clair, Page aimait donner à ses investisseurs un exemple (et, ainsi, les coincer, bien sûr). Essayez d'entrer sur le réseau par une page quelconque et, à partir de là, cherchez la date de naissance de Dante en utilisant uniquement les liens. Le premier site où vous la trouverez est, pour votre type de recherche, le meilleur. Comprenez bien : ce n'est pas parce qu'il vous fait économiser du temps qu'il est le meilleur, c'est parce que tout vous a dirigé vers lui. Car, en réalité, tout ce que vous avez fait, c'est de vous promener là-dedans en demandant à ceux que vous rencontrez où trouver la date de naissance de Dante. Et ils vous ont répondu : en vous donnant leur propre jugement qualitatif. Ils ne vous indiquaient pas un raccourci, ils vous indiquaient l'endroit le meilleur selon eux où cette date se trouverait et serait exacte. La vitesse est engendrée par la qualité, non l'inverse. Les proverbes sont les hiéroglyphes d'une narration, disait une belle formule de Benjamin : la page Web que vous trouvez en tête des résultats de Google est le hiéroglyphe de tout un voyage de lien en lien, à travers la Toile entière.

Et maintenant, soyez très attentifs. Ce qui me frappe, dans un tel modèle, c'est qu'il reformule radicalement le concept même de qualité. L'idée de *ce qui est important* et de *ce qui ne l'est pas*. Ce n'est pas qu'il détruise complètement notre vieille manière de voir les choses, mais en tout cas il *passe par-dessus*, si l'on peut dire. Je prendrai deux exemples. Le premier : c'est un principe qui vient du monde des sciences et qui jouit donc d'une certaine considération, au nom de cette bonne vieille idée selon laquelle une information est correcte et importante dans la mesure où elle correspond à la vérité. Mais si le seul site capable de dire la vérité sur la mort de John Kennedy était en sanskrit, selon toute probabilité Google ne le placerait pas parmi les trente premiers. Il est probable qu'il vous signalerait comme meilleur site celui qui dit la chose *la plus proche* de la vérité *dans une langue compréhensible pour la plus grande partie des humains.* C'est quoi, ce critère de qualité, qui est prêt à troquer un bout de vérité en échange d'une part de communication ?

Second exemple. En général, nous nous fions aux experts. Si, dans leur ensemble, les critiques littéraires du monde décident que Proust est un génie, nous pensons que Proust est un génie. Mais si vous entrez dans Google et que vous tapiez : « chef-d'œuvre littéraire », qui est-ce, exactement, qui vous conduira suffisamment vite jusqu'à la *Recherche* ? Des critiques littéraires ? Seulement en partie, en toute petite partie. Ce qui vous conduira jusque-là, ce seront des sites de cuisine, de météo, d'information, de tourisme, de bande dessinée, de cinéma, de bénévolat, de voitures et, pourquoi pas, des sites pornographiques. Ils le feront directement ou indirectement, comme les bandes au billard : vous êtes la boule, Proust est le trou. Alors je me demande : *de quel genre de savoir* vient le jugement que la Toile nous donne et qui nous conduit à Proust ? Y a-t-il un nom, pour un truc de cette sorte ?

Voilà : ce qu'il faut apprendre de Google, c'est ce nom. Moi, je ne saurais pas le trouver, mais je crois deviner la manœuvre qu'il nomme. Une certaine révolution copernicienne du savoir, selon laquelle la valeur d'une idée, d'une information, d'un élément donné, n'est pas liée principalement à ses caractéristiques intrinsèques, mais plutôt à son histoire. C'est comme si des cerveaux avaient commencé à penser d'une autre manière : pour eux, une idée n'est pas un objet circonscrit, mais une trajectoire, une succession de passages, une composition de matériaux différents. C'est comme si le Sens qui, pendant des siècles, a été lié à un idéal de permanence, solide et achevée, était allé se chercher un habitat différent, en se dissolvant dans une forme qui est plutôt mouvement, structure longue, voyage. Se demander ce qu'est une chose, c'est se demander quel chemin elle a parcouru hors d'elle-même.

Je sais bien que l'herméneutique du vingtième siècle a déjà préfiguré, d'une manière très sophistiquée, un paysage de ce genre. Mais à présent que je le vois, devenu opérationnel à travers Google, dans le geste quotidien de milliards de personnes, je comprends pour la première fois peut-être à quel point, si on le regarde sérieusement, il comporte une réelle mutation collective, pas un simple ajustement de notre manière commune de sentir. Ce que Google enseigne, c'est qu'il y a aujourd'hui une quantité énorme d'humains pour qui, chaque jour, le savoir important *est le savoir capable d'entrer en séquence avec tous les autres*. Il n'y a quasiment pas d'autre critère de qualité ni même de *vérité*, car ils sont engloutis par ce principe unique : la densité du Sens est là où le savoir passe, où le savoir est en mouvement, tout le savoir sans exclusion. L'idée que *comprendre* et *savoir* signifient pénétrer en profondeur ce que nous étudions, jusqu'à en atteindre l'essence, est une belle idée qui est en train de mourir. Ce qui la remplace, c'est la conviction instinctive que l'essence des choses n'est pas un point mais une trajectoire, qu'elle n'est pas cachée en profondeur mais dispersée à la surface, qu'elle ne demeure pas à l'intérieur des choses mais se déroule hors d'elles, là où elles commencent réellement, c'est-à-dire partout. Dans un tel paysage, le geste de *connaître* doit s'apparenter à un parcours rapide de tout le savoir humain possible, en recomposant ces trajectoires éparses que nous appelons idées, faits ou personnes. Dans le monde du réseau, on a donné un nom à ce geste : *surfer* (il apparaît en 1993, pas avant, et vient des types qui chevauchent les vagues sur une planche et, en général, s'envoient toutes les filles du coin). Vous la voyez, la légèreté du cerveau qui se tient en équilibre sur l'écume des vagues ? *Naviguer* sur Internet : jamais terme ne fut plus précis. La surface au lieu de la profondeur, les voyages au lieu des plongées, le jeu au lieu de la souffrance. Savez-vous d'où vient notre bon vieux verbe chercher ? Il porte dans son ventre le grec κίρκος, *cercle* : nous pensions à quelqu'un qui tourne en rond, parce qu'il a perdu quelque chose et qu'il veut le retrouver. Tête penchée, regard posé sur un carré de terre, beaucoup de patience, et ce cercle sous ses pieds qui peu à peu se creuse. Quelle mutation, les enfants !

Je veux vous dire quelque chose. Si les livres sont des montagnes et si vous m'avez suivi jusqu'ici, alors nous sommes à un pas du sommet. Il s'agit encore de comprendre comment un principe déduit d'un logiciel peut décrire la vie qui se déroule en dehors d'Internet. La paroi est verticale, mais c'est la dernière. Après, l'art sublime de la descente nous attend.

Expérience

Vous avez un endroit tranquille pour lire cet épisode ? En un certain sens, si vous avez fait le chemin jusqu'ici, vous méritez de le lire en toute tranquillité. Rien d'extraordinaire, mais nous voulions voir l'animal et, à présent, le voici. Tout ce que je peux vous faire comprendre des barbares est là.

Je l'ai appris en passant du temps dans les villages saccagés, à me faire raconter comment les barbares avaient fait pour vaincre, pour désintégrer des murs aussi hauts et solides. J'ai eu plaisir à étudier leurs techniques d'invasion, car j'y voyais les éléments isolés d'un mouvement plus ample, dans lequel on aurait eu grand tort de nier qu'il y eût un sens, une logique et un rêve. À la fin, je suis tombé sur Google, qui me paraissait juste un exemple parmi d'autres, mais qui ne l'était pas, car ce n'était pas un vieux village saccagé, c'était un campement construit au milieu de rien, leur campement. Il m'a semblé y voir quelque chose qui n'était pas le cœur de l'affaire, mais qui paraissait en être le battement : un principe de vie aberrant, inédit. Une autre manière de respirer. Des branchies.

À présent, je me demande si c'est un phénomène circonscrit, lié à un instrument technologique nouveau, le réseau, et cantonné essentiellement là. Mais je sais que la réponse est non : des tas de gens respirent désormais par les branchies de Google, l'ordinateur éteint, à n'importe quel moment de leur journée. Scandaleux et incompréhensibles : des animaux qui courent. Des barbares. Je peux essayer de les dessiner ? J'étais là pour ça.

Ce qui, en Google, est un mouvement à la poursuite du *savoir* devient sans doute dans la vie réelle le mouvement qui cherche l'*expérience*.

Ils vivent, les humains, et pour eux l'oxygène qui garantit la non-mort est donné par la succession d'expériences. Il y a bien longtemps, Benjamin, toujours lui, enseigna qu'*expérimenter* est une possibilité qui peut elle aussi venir à manquer. Elle n'est pas donnée automatiquement, dans le trousseau de la vie biologique. L'*expérience* est un passage fort de la vie quotidienne : un lieu où la perception du réel se cristallise en pierre angulaire, en souvenir et en récit. C'est le moment où l'humain prend possession de son royaume. Pour un instant, il en est le maître et non l'esclave. Faire l'expérience de quelque chose veut dire se sauver. Il n'est pas certain que ce soit toujours possible.

Je peux me tromper, mais je crois que la mutation en cours, si déconcertante, peut se résumer entièrement ainsi : ce qui a changé est la manière de faire des expériences. Il y avait des modèles, des techniques, et depuis des siècles le résultat était d'*expérimenter*. Mais d'une certaine manière, à un moment donné, ils ont cessé de fonctionner. Pour être plus précis, rien en eux n'était cassé, mais ils ne produisaient plus de résultats appréciables. Les poumons étaient sains, mais on respirait mal. La possibilité de faire des expériences est venue à manquer. Que devait-il faire, l'animal ? Soigner ses poumons ? Longtemps, il l'a fait. Puis, à un moment donné, il s'est laissé pousser des branchies. Modèles nouveaux, techniques inédites. Et il a recommencé à expérimenter. Sauf que, maintenant, il est devenu poisson.

Le modèle formel du mouvement de ce poisson, nous l'avons découvert dans Google : des trajectoires de liens qui courent en surface. Je traduis : l'expérience, pour les barbares, est quelque chose qui a une forme de chaîne, de séquence, de trajectoire. Elle implique un mouvement qui relie différents points dans l'espace du réel. Elle est l'intensité de cet éclair.

Ce n'était pas le cas, ça ne l'a pas été pendant des siècles. Dans son sens le plus élevé et le plus salvateur, l'expérience était liée à la capacité d'approcher les choses, une à une, et d'entrer peu à peu avec elles dans une intimité capable d'ouvrir les portes des pièces les mieux cachées. Souvent, c'était un travail de patience et même d'érudition, d'étude. Mais cela pouvait aussi se faire dans la magie d'un instant, dans une intuition fulgurante qui plongeait au plus profond et remontait à la surface l'icône d'un sens, d'un vécu qui avait réellement eu lieu, d'une intensité de l'existence. C'était, de toute façon, une affaire presque intime entre l'homme et un éclat de réel, un duel circonscrit et un voyage en profondeur.

Il semble que pour les mutants, au contraire, l'étincelle de l'expérience jaillisse dans le rapide passage qui dessine une ligne entre des objets différents. Comme si rien, désormais, ne pouvait plus être expérimenté, sinon à l'intérieur de séquences plus longues, composées de différents objets « quelconques ». Pour que le dessin soit visible, perceptible, réel, la main qui trace la ligne doit faire un seul et même geste, non une vague succession de gestes différents : un unique geste *complet*. C'est pourquoi il doit être *rapide* et, en ce sens, faire l'expérience des choses revient à passer en elles juste le temps nécessaire à en tirer l'élan pour rebondir ailleurs. Si le mutant s'arrêtait sur chaque objet avec la patience et les attentes du vieil homme doté de poumons, la trajectoire se déliterait, le dessin partirait en miettes. Alors le mutant a appris combien de temps, minimum et maximum, il devait demeurer sur les objets. Et cela le tient inévitablement éloigné de la profondeur, qui est désormais pour lui une perte de temps injustifiée, une impasse inutile qui brise la fluidité du mouvement. Il l'accepte sans hésiter, car ce n'est pas là, dans la profondeur, qu'il trouve le sens : c'est dans le dessin. Et le dessin est rapide ou il n'est pas.

Vous vous rappelez le ballon qui circule vite entre les pieds pas spécialement raffinés des prophètes du football total, sous les yeux d'un Baggio assis sur le banc de touche ? Et les vins « simplifiés » qui conservent quelque chose de la profondeur des grands vins mais se prêtent à une rapidité d'expérience apte à les mettre en séquence avec autre chose ? Et vous vous les rappelez, ces livres si heureux de renoncer au privilège de l'expression pour aller chercher en surface les courants de la communication, du langage commun à tous, de la grammaire universelle fondée au cinéma ou à la télévision ? Vous la voyez, la réitération d'un seul et même instinct précis ? Vous le voyez, l'animal qui court, toujours de la même manière ?

En général, les barbares vont là où ils trouvent des *systèmes passants*. Dans leur recherche de sens, d'expérience, ils vont chercher des gestes dans lesquels il est rapide d'entrer et facile de sortir. Ils privilégient ceux qui, au lieu de rassembler le mouvement, le produisent. Ils aiment n'importe quel espace entraînant une accélération. Ils ne se déplacent pas en direction d'un but, car le but est le mouvement. Leurs trajectoires naissent par hasard et s'éteignent par fatigue : ils ne cherchent pas l'expérience, ils *sont* l'expérience. Quand ils peuvent, les barbares créent à leur image des systèmes où voyager : le réseau, par exemple. Mais il ne leur échappe pas que la plus grande partie du terrain qui peut être parcouru est faite de gestes qu'ils ont hérités du passé et de leur nature : de vieux villages. Alors, ce qu'ils font consiste à les modifier jusqu'à ce qu'ils deviennent des *systèmes passants* : c'est ce que nous appelons « saccage ».

Banal à dire, mais les enfants ont souvent beaucoup à nous apprendre. Je pense avoir grandi dans la constante intimité d'un scénario bien précis : l'ennui. Je n'étais pas plus malchanceux que les autres, c'était pareil pour tous. L'ennui était une composante naturelle du temps qui passait. C'était un habitat, prévu et apprécié. Benjamin, encore lui : « L'ennui est l'oiseau de rêve qui couve l'œuf de l'expérience. » C'est beau. Et le monde dans lequel nous avons grandi était de cet avis. Prenez maintenant un enfant d'aujourd'hui et cherchez l'ennui dans sa vie. Mesurez la vitesse avec laquelle la sensation d'ennui se déclenche dès que vous ralentissez le monde autour de lui. Et surtout : comprenez combien lui est étrangère l'hypothèse que l'ennui couve quelque chose d'autre qu'*une perte de sens*, d'intensité. Un renoncement à l'expérience. Vous le voyez, le mutant en herbe ? Le petit poisson avec ses branchies ? À sa façon, il est déjà comme une bicyclette : s'il ralentit, il tombe. Il a besoin d'un mouvement constant pour avoir l'impression de faire de l'expérience. De la façon la plus claire, il vous le fera comprendre dès qu'il pourra vous montrer la manière de surfer la plus spectaculaire inventée par les nouvelles générations : être multitâche. Vous connaissez ? Ce sont les Américains qui lui ont donné ce nom. Dans son acception la plus vaste, il définit le phénomène par lequel votre enfant, en jouant à la Game Boy, mange son omelette, téléphone à sa grand-mère, suit un dessin animé à la télévision, caresse le chien du bout du pied et chantonne un jingle publicitaire. Encore quelques années et il se transformera en ceci : quelqu'un qui fait ses devoirs tout en *chattant* sur son ordinateur, écoute son iPod, envoie des textos, cherche sur Google l'adresse d'une pizzeria en jouant avec une balle en caoutchouc. Les universités américaines sont pleines de chercheurs qui tentent de comprendre si ce sont des génies ou des idiots qui se grillent le cerveau. Ils n'ont pas encore de réponse. Vous direz, plus simplement : c'est névrotique. Peut-être, mais les dégénérescences d'un principe en disent long sur ce principe : être multitâche incarne bien une certaine idée, naissante, d'expérience. Habiter plusieurs zones possibles avec une attention relativement basse est ce qu'ils entendent, à l'évidence, par expérience. Ça sonne mal, mais essayez de comprendre : ce n'est pas pour vider de sens des gestes dont chacun serait important, c'est pour n'en faire qu'*un seul*, un unique geste très important. Si surprenant que cela puisse paraître, ils n'ont pas l'instinct d'isoler chacun de ces gestes pour l'accomplir avec plus d'attention et de façon à en tirer le meilleur. Cet instinct leur est étranger. Là où il y a des gestes, ils voient des systèmes passants possibles, qui permettent de construire des constellations de sens : et donc d'expériences. Des poissons, disais-je.

Y a-t-il un nom pour cette nouvelle façon d'être au monde ? Un mot, rien qu'un, histoire qu'on se comprenne ? Je n'en sais rien. Ce sont les philosophes qui donnent des noms, pas ceux qui écrivent des livres en épisodes dans les journaux. Je n'essaierai donc même pas. Mais je voudrais qu'à partir de cette page du moins, nous nous comprenions, vous et moi : quoi que nous percevions de la mutation en cours, de l'invasion barbare, il faudra la regarder de l'endroit exact où nous sommes en ce moment et la comprendre comme une conséquence de la transformation profonde qui a dicté *une nouvelle idée de l'expérience*. Une localisation nouvelle du sens. Une forme nouvelle de perception. Une technique de survie nouvelle. Je ne voudrais pas exagérer, mais j'ai envie de dire : une nouvelle civilisation.

PERDRE SON ÂME

Âme

Vous vous rappelez notre visite des villages mis à sac ? À présent nous avons compris que tout ce que nous prenions pour de la destruction était en réalité une sorte de restructuration mentale et architecturale : quand le barbare arrive quelque part, il a tendance à reconstruire avec les matériaux qu'il trouve le seul habitat qui lui importe, c'est-à-dire un *système passant*. En pratique, il vide, allège, accélère le geste auquel il s'intéresse, jusqu'à obtenir une structure suffisamment ouverte pour que des mouvements y transitent. Et nous savons maintenant pourquoi il fait cela : sa conception de l'expérience est une trajectoire qui réunit différentes parts de réel.

Le mouvement est la valeur suprême. Le barbare est prêt à tout lui sacrifier. *Y compris son âme.* Ce qui peut paraître déconcertant. Nous l'observons dans chaque village : là où il y avait un lieu plus haut, plus noble et plus profond, les barbares finissaient immanquablement par tout vider. En cela, cet instinct qu'ils possèdent, la civilisation barbare, l'homme de Google, le poisson ou mutant sont vraiment déconcertants. Possible qu'ils veuillent vraiment une chose pareille ?

C'est possible. Mieux : c'est précisément là le trait potentiellement le plus fascinant de la mutation. Je soupçonne même que cela soit, consciemment ou non, leur objectif principal. Le barbare ne perd pas son âme par hasard, par légèreté, à la suite d'une erreur de calcul ou par simple misère intellectuelle : il essaie juste de s'en passer. Et si on en parlait ?

C'est triste à dire, mais ce n'est pas une idée si farfelue. Quand, dans ce livre, nous avons employé une expression plutôt floue, « perdre son âme », à quoi pensions-nous *réellement* ? Peut-être avions-nous à l'esprit quelque chose qui nous semblait faire corps avec l'essence même de l'être humain : l'idée que l'homme ait une dimension spirituelle (pas religieuse : *spirituelle*), en mesure de l'élever au-dessus de sa nature purement animale. À ce stade, nous devrions nous demander : mais d'où vient-elle, cette idée ? Et surtout : a-t-elle toujours été là ou sommes-nous passés par des phases de la civilisation qui s'en dispensaient ?

Prenons un exemple : l'*Iliade*. Vous êtes prêts à mettre de côté les lieux communs et les poncifs scolaires ? Bien. Dans ce cas, je peux vous dire que, dans l'*Iliade*, on ne la trouve quasiment pas, cette idée. Les humains ont une seule vraie chance de devenir un peu plus que des animaux malins, c'est de mourir en héros et de passer ainsi à la postérité, de devenir éternels et d'atteindre une dimension mythique. Par conséquent, l'héroïsme n'était pas pour eux *une* des directions possibles de l'existence, c'était la *seule*. C'était la porte étroite à travers laquelle ils pouvaient aspirer à atteindre une dimension *spirituelle*. Ils n'étaient pas imperméables à une certaine forme de spiritualité (l'élaboration mythique du monde des dieux en est la preuve), mais ils n'avaient pas encore inventé l'âme, pour ainsi dire. Si, au lieu de se présenter devant Faust, le diable était allé voir Achille et lui avait proposé son échange fatal, celui-ci n'aurait pas su quoi lui donner. Car il n'avait rien à lui donner.

Et Dante ? Dans *La Divine Comédie*, y a-t-il l'idée que l'homme possède, en soi, les armes pour trouver, en soi, le passage vers une forme de spiritualité et le dépassement de son identité purement animale ? Il est difficile de répondre par l'affirmative. Toute poussée spirituelle latente n'est en réalité qu'un reflet de la lumière divine, l'écho d'un projet transcendantal dans lequel l'homme vient se perdre. *La Divine Comédie* a beau être une merveilleuse somme d'histoires humaines, dans l'ensemble elle demeure la description d'une scène occupée par un seul personnage : et ce n'est pas l'homme. Ulysse y figure, mais il est aux enfers.

En réalité, pendant très longtemps l'Occident a soumis la revendication d'une forme de spiritualité humaine à la bienveillance d'une autorité divine. Le lieu de l'esprit était le terrain de la religiosité. On a nommé *humanisme* l'instant infini où, héritant d'intuitions venues de très loin, une élite intellectuelle commença à imaginer que l'homme pût contenir en soi un horizon spirituel qui ne relevait pas simplement de la foi religieuse. Mais ce ne fut pas un acquis facile ni allant de soi. Avant qu'il ne devienne pour de bon un patrimoine collectif, une perception commune, d'autres siècles se sont écoulés. L'effort qu'a dû accomplir l'élite intellectuelle pour se forger les instruments qui le rendraient réel n'est rien face au sentiment d'étrangeté que, durant des siècles, les gens, les gens normaux, ont sans doute éprouvé face à une telle perspective. Je ne pense pas proférer une énormité en disant que, pendant très longtemps, l'idée d'une dimension laïque et spirituelle de l'humanité fut, en Occident, le privilège d'une caste supérieure constituée de riches et d'intellectuels : pour tous les autres, il y avait la religion révélée. Mais ce n'était pas pareil. Ce n'est pas à cela que nous faisons allusion quand nous parlons d'« âme » et que nous pensons au geste des barbares qui l'effacent.

Ce à quoi nous pensons, quand nous parlons d'« âme », est une chose qui a été inventée assez récemment, en fait. Elle a été brevetée par la bourgeoisie du dix-neuvième siècle. C'est elle qui a fait entrer dans le domaine public la certitude que l'humanité avait, en soi, le souffle d'un écho spirituel et qu'elle abritait, en soi, un lointain horizon, plus haut et plus noble. Où l'abritait-elle ? Dans son âme.

Ils en avaient besoin. Aujourd'hui il est important de comprendre qu'*ils en avaient besoin*. Ils étaient pratiquement les premiers, depuis des siècles, à vouloir s'emparer du monde alors qu'ils ne détenaient aucune noblesse de rang scellée de façon quasi transcendantale, voire carrément de droit divin. Ils possédaient astuce, esprit d'entreprise, argent, volonté. Mais ils n'étaient pas *destinés* au pouvoir ni à la grandeur. Ils avaient besoin de trouver ce destin en eux-mêmes : de prouver qu'ils en avaient une, de grandeur, sans que personne la leur attribue, pas les hommes, ni Dieu, ni un roi. C'est pourquoi ils se mirent à avancer à grands pas sur un chemin qui remontait loin, aux Grecs du ve siècle, et passait par Descartes et la révolution scientifique : en des temps étonnamment courts, ils parvinrent à établir cette grandeur, forgeant même des outils, à la disposition de tous, pour la trouver en soi et la cultiver. L'ensemble d'idées, de modes, d'œuvres d'art, de noms, de mythes et de héros au moyen desquels ils firent de cette ambition un bien collectif, voire commun, est ce que nous appelons le *romantisme*. Si vous voulez comprendre de quoi il s'agissait, voici un bon système : c'était un monde qui pouvait comprendre Faust. C'étaient des gens à qui le diable pouvait proposer de vendre leur âme en échange de toutes sortes de délices terrestres, et, eux, ils *auraient compris son offre*. Ils auraient su depuis toujours qu'ils n'avaient pas le choix, sans âme aucune richesse terrestre n'était sûre ni légitime. Je ne voudrais pas exagérer, mais ni Achille ni Dante n'aurait compris cette proposition. Car l'objet du troc faustien n'existait pas.

Curieux : si vous demandez à un barbare ce qu'il en est de l'âme, il ne comprend pas votre question.

Il y a un moyen de comprendre jusqu'au bout ce qu'a été l'invention de la spiritualité pour la bourgeoisie du xixe siècle. Il consiste à parcourir l'histoire de la musique classique. Je n'aurai besoin que d'un chapitre. C'est juste une esquisse. Mais vous verrez qu'elle vous aidera à saisir.

Musique classique

Rien ne vaut la musique classique pour comprendre ce que les romantiques avaient en tête. Comment fait donc l'école pour expliquer les choses sans une seule heure de Beethoven, de Schumann ou de Wagner ?

On peut partir d'une question qui n'est stupide qu'en apparence : la musique classique existait-elle avant qu'on invente l'idée de musique classique ? Oui, bien sûr. Elle ne s'appelait pas ainsi, elle n'avait rien à voir avec le romantisme, elle n'était pas financée par la bourgeoisie et très peu de gens en écoutaient, mais elle existait. C'était une forme élitiste de divertissement, aux usages plutôt sobres et intellectualisants. Souvent liée aux plaisirs de la danse, parfois à des textes poétiques. Naturellement, il y avait un versant religieux : musique liturgique ou compositions encourageant l'élévation morale du croyant, c'est-à-dire l'habituelle œuvre publicitaire de masse subventionnée par l'Église afin de promouvoir son produit (qui sait combien de temps encore nous mettrons à admettre que nous devons le meilleur de l'art occidental à l'intuition géniale d'une secte religieuse qui inventa la publicité et y investit des quantités d'argent déraisonnables). À présent, nous observons ce monde avec les yeux d'aujourd'hui, instruits par ce qui s'est passé ensuite. Et donc, en général, nous avons tendance à attribuer à la musique des XVIe et XVIIe siècles les qualités que nous avons appris à reconnaître chez un Beethoven ou un Verdi. Mais en réalité c'est une illusion d'optique. Là où nous voyons une certaine élévation spirituelle, voire une expression supérieure de l'âme humaine, les auditeurs d'autrefois ne remarquaient vraisemblablement qu'une forme d'élégance ou d'intensité auxquelles ils ne savaient pas donner un nom. Mais l'idée même que, pour eux, ce type de divertissement eût à voir avec les sentiments et non avec les sensations est pour le moins discutable : telle que nous en avons hérité, la carte des sentiments restait encore à inventer, à l'époque. Qu'il y eût un humanisme profond chez les compositeurs les plus cultivés est un fait. Mais on peut se demander si, une fois mis de côté les noms de ceux qui ont été rétrospectivement reconnus comme ceux de génies, le reste de la production musicale ne volait pas plutôt bas, en fait, sur le plan spirituel. Peut-être ne visait-il guère plus qu'un plaisir sophistiqué.

Quoi qu'il en soit, à force de plaisir ils affinèrent leurs techniques, leurs instruments et leur langage. L'aristocratie du début du XVIIIe siècle reçut donc de ceux qui l'avaient précédée une forme de divertissement déjà mûre, prête à devenir l'expression officielle de sa domination sociale et de sa richesse. Et c'est ainsi qu'elle s'en servit, massivement. Le public était toujours celui, trié sur le volet, des salons nobles et des théâtres de la Cour, et les musiciens n'étaient encore que des employés, voire des domestiques : des figures semblables au jardinier ou au cuisinier. Mais sans doute l'hypothèse d'une force expressive, qui paraissait gâchée si son seul objectif était de servir de fond sonore à l'ennui de l'Ancien Régime, commençait-elle à se faire jour. Dans le sillage du trio Bach-Haydn-Mozart, se développa un langage qui avait du mal à rester de l'ordre de la simple élégance ou du pur divertissement. Aujourd'hui, toujours à cause de cette illusion d'optique qui nous vient de ce que nous savons comment tout cela s'est terminé, nous avons en réalité tendance à exagérer cette forme d'impatience, en lui attribuant des ambitions spirituelles auxquelles elle n'avait jamais songé. Si on connaît la *Neuvième* de Beethoven, on peut effectivement percevoir des échos romantiques dans le *Don Giovanni* de Mozart. Mais, en 1787, le véritable spectateur de Mozart n'avait pas entendu Beethoven et ne pouvait imaginer Chopin. On peut aisément supposer qu'il ait juste trouvé le *Don Giovanni* bizarre, beau à écouter et c'est tout. Trop de notes, commenta, dit-on, l'empereur Joseph II, un homme de son temps.

En fait, si on veut être cyniquement précis, c'est avec Beethoven que naquit vraiment l'idée de musique classique dont nous avons hérité et dont nous nous servons toujours. Dans sa musique, ce langage raffiné gonfla pour de bon, au point de se présenter comme la demeure d'une aspiration élevée, sentimentale et même spirituelle de l'âme humaine. La tension, l'intensité, la nature spectaculaire qu'elle portait en elle ouvraient grand, presque matériellement, des espaces qui n'attendaient que le déferlement d'une spiritualité jusqu'alors clandestine et nomade. Les circonstances coïncidèrent remarquablement : au moment même où la bourgeoisie naissante pressentait le besoin de sa propre élévation au rang d'aristocratie des sentiments, cette musique désignait précisément la forme et le lieu où la trouver. Ce n'est pas un hasard si Beethoven fut pratiquement le premier à composer en même temps pour l'aristocratie du XVIIIe siècle et pour la riche bourgeoisie du début du XIXe : il était en équilibre sur une frontière, et il avait tout l'air de marquer le passage de témoin entre pouvoir aristocratique et pouvoir bourgeois. Le fait qu'il fût apprécié par les deux donne une idée de la vertigineuse richesse de son travail : c'était une musique capable d'émouvoir deux civilisations différentes et, d'une certaine façon, opposées.

D'un point de vue stratégique, le coup de génie qu'eurent les romantiques fut de le choisir comme père fondateur de ce qu'ils avaient en tête. Il est difficile de dire si cela lui aurait plu, mais c'est ce qu'ils firent et, en cela, ils manifestèrent une astuce et une intelligence éblouissantes. Beethoven fut leur laissez-passer vers une nouvelle civilisation. C'était un maître intouchable et il leur suffirait de prouver qu'il était en fait dans le même camp qu'eux. Ils y parvinrent. Au fond, ce n'était pas si difficile : en effet, cette musique semblait engendrer et décrire exactement ce qu'ils percevaient comme le souffle spirituel de l'homme romantique. De façon supérieure, tel un concentré, elle paraissait le faire dans une œuvre en particulier : la *Neuvième Symphonie*. À l'époque de Wagner, on la prenait encore pour totem absolu, lieu des origines et légitimation fondatrice de tout ce à quoi la musique de l'époque aspirait. Et en effet, à bien y réfléchir, cette symphonie paraissait pour de bon dessiner physiquement la silhouette de la spiritualité romantique. Sa durée excessive faisait clairement allusion à une expansion de l'horizon humain. Sa difficulté (lorsqu'elle fut jouée pour la première fois, la moitié des spectateurs partirent avant la fin, épuisés) suggérait déjà l'idée, fort bourgeoise, que le développement spirituel de l'individu dût passer par un chemin spécifique d'efforts et de recherches. Et puis il y avait la prouesse finale, cet « Hymne à la joie ». Placé là, dans le dernier mouvement, après trois mouvements instrumentaux, introduisant de façon inattendue la voix humaine et un texte poétique (de Schiller, comme par hasard, un des nobles pères du romantisme). C'était une structure aveuglante de précision : dans les trois premiers mouvements, on trouvait l'ensemble des conquêtes du langage beethovénien, qui exploraient toute la gamme des possibilités spirituelles de l'homme bourgeois, telle une sorte de dépliant promotionnel. Dans le dernier, l'utilisation spectaculaire des voix et du chœur, instrument privilégié de la musique sacrée, projetait le langage terrestre de la musique par-delà ses propres frontières ; et, dans le même temps, le texte de Schiller convoquait explicitement Dieu au berceau de la spiritualité humaine. Vous le voyez, le geste acrobatique qui donnerait vraiment aux romantiques ce qu'ils désiraient ? Cette musique plaçait au bout du chemin spirituel le but le plus élevé, Dieu. Elle déduisait même l'horizon religieux de la matière qui formait la spiritualité laïque de l'homme :

elle l'installait sur la dernière marche d'une ascension tout humaine. Fantastique, non ?

La *Neuvième* n'était pas une musique romantique, mais elle traçait les contours du terrain de jeu de la musique romantique. Elle inventait et consacrait pour toujours l'existence d'un espace intermédiaire entre l'animal-homme et la divinité, entre l'élégance matérielle de l'humain et la transcendance infinie du sentiment religieux. C'est là, précisément là, que l'homme bourgeois se positionnerait. Quand nous, les héritiers du romantisme, employons des termes génériques tels que spiritualité ou âme, nous désignons cet espace. Cette terre intermédiaire.

Pendant plus de cent cinquante ans, la musique a été un des moyens les plus justes d'occuper ce territoire. De le reconstituer chaque fois, en soi, face à la misère de la vie quotidienne. À la fin des années soixante-dix du siècle dernier, c'était encore pour la bourgeoisie occidentale un rituel idéal lui permettant de réaffirmer sa propre noblesse spirituelle, et, même quand ce ne fut plus qu'un plaisir raffiné, on le considérait d'office comme un geste spirituel. C'est ce pouvoir qui, pendant longtemps, a autorisé la musique classique à se présenter comme le liant efficace de l'identité bourgeoise. Et on peut dater le moment exact où ce rôle a commencé à vaciller : celui où les premiers barbares sont apparus.

Le petit village de la musique classique est sans doute l'un des plus durement frappés par les invasions barbares. Ses liens manifestes avec une civilisation passée (et son enracinement maniaque dans un répertoire fatalement circonscrit) l'ont laissé quasiment sans défense.

Comme on l'a vu, les barbares n'ont pas simplement l'instinct de détruire : ce qu'ils s'efforcent de faire, c'est de transformer ce qu'ils trouvent en système passant. Mais la musique classique oppose à pareilles métamorphoses une résistance dont d'autres gestes ne sont pas capables. Et donc, au lieu de tout détruire, les barbares ont quitté le village : on n'en tirera rien, ont-ils dû se dire. Ce qui ne doit pas nous échapper, c'est que, suivant leur logique, c'est un geste sensé. Justement parce qu'elle a des liens étroits avec une certaine idée de spiritualité bourgeoise, cette musique a peu à offrir aux barbares. Si l'on veut vivre sans âme, que peut-on bien faire de Schubert ?

Voilà[1]. Je suis perplexe face à ces quelques lignes qui entendent résumer trois siècles d'histoire, mais il doit s'agir là d'un trait barbare qui s'est déjà emparé de moi. Surfer. C'est la faute des branchies qui ont poussé sur mon corps. Quoi qu'il en soit, le sens de cette opération était de vous montrer de près ce que nous entendons par des termes comme « âme » et « spiritualité ». Je voulais vous amener à penser que ce ne sont pas des éléments constitutifs de notre appartenance au monde, mais qu'ils dérivent d'un processus historique qui a eu un début et aura sans doute une fin. Il est tout aussi important de comprendre que nous utilisons ces catégories telles que les a formulées un groupe social bien précis, à un moment historique précis. Ça peut faire sourire, mais nous n'avons pas encore cessé d'employer ce vocabulaire romantique. Et la résistance que nous

---

1. En français dans le texte.

opposons aux invasions barbares se limite souvent à défendre sans le savoir des principes romantiques forgés il y a deux siècles. En soi, il n'y aurait rien de mal à ça : les principes peuvent rester valables des millénaires, ce ne sont pas des surgelés qui ont une date de péremption. Mais il est également vrai qu'un regard sur les hommes qui créent de tels principes aide à réfléchir. Je peux même vous les montrer. J'ai fait appel à un spécimen emblématique. Tournez la page et je vous le présenterai.

Monsieur Bertin

Le voici. M. Bertin. 1832. Aujourd'hui, on dirait que c'était un patron de presse. Propriétaire du *Journal des débats*, l'organe de la bourgeoisie française des affaires. Un homme arrivé, célèbre et puissant. La bourgeoisie du XIXe siècle au moment de son triomphe. Je sais bien qu'au premier regard vous noterez surtout ces mains crochues, cette allure satisfaite et ce regard apparemment cynique, sourdement mauvais. Mais ce n'est pas toute la vérité. Ingres (le formidable auteur du tableau) a longuement réfléchi à la posture dans laquelle il pouvait représenter cet homme et il était sur le point de renoncer quand, un jour, il le vit assis dans un fauteuil, en pleine conversation. Ça y est, se dit-il. Et en effet, si vous regardez maintenant le portrait et que vous pensiez à cette conversation, vous comprendrez mieux. L'homme a le regard de quelqu'un qui écoute attentivement et qui, dans le même temps, sait déjà quoi objecter, qui s'apprête d'ailleurs à le faire, comme s'il était dans les starting-blocks, afin de s'élancer avec toute la vitesse de son intelligence, les mains un peu nerveuses qui attendent l'instant de se remettre en mouvement, le

Jean Auguste Dominique Ingres, *Portrait de Louis François Bertin*, musée du Louvre, Paris.

dos décollé du dossier, prêt à se jeter dans le vif d'une dispute dialectique. On dirait un gros richard, mais c'est un lutteur, il est destiné à vaincre. Et la lumière ? Trois taches claires, la tête et les deux mains. La pensée et l'action : comment pourrait-on être plus synthétique que ça ? Ses vêtements chics et sa montre en or expriment une prospérité qu'un corps imposant confirme, débordant avec une arrogance inélégante du gilet et du pantalon. Des riches qui n'ont pas honte de l'être. Et le visage ? Si vous tracez une ligne verticale du front au menton, sa partie droite vous regarde d'un air torve, tandis que la gauche vous sourit, la lèvre plissée et le sourcil froncé. Enfin les cheveux : mal coiffés, comme ceux d'un homme qui n'a pas de temps à perdre avec ces futilités d'aristocrate, un homme sûr de lui et de son propre désordre. On peut d'ailleurs se demander si cela aurait été le cas sans Beethoven et sa crinière de lion, qui a définitivement fait accepter le négligé hautain de ceux qui se sont débarrassés des perruques.

Le voilà. L'homme bourgeois pour qui furent perfectionnées les idées d'âme et de spiritualité romantique que nous défendons encore aujourd'hui. Il ne les brandit pas ouvertement, car il n'a plus besoin de le faire : désormais il a gagné et il peut se faire portraiturer sans ces armes. Mais, rien qu'une vingtaine d'années plus tôt, vous l'auriez vu bien plus soucieux de ses moyens, désireux de s'expliquer et inquiet à l'idée de se séparer de son peigne. Vous voulez le voir ? Tournez la page et il sera là, toujours de la formidable main d'Ingres.

Monsieur Rivière

Le voici. M. Rivière. 1805. C'était un fonctionnaire de l'administration publique. Le tableau est toujours d'Ingres, mais à ses débuts, alors qu'il est encore prudent et soucieux de pédagogie. Le portrait de la bourgeoisie naissante. Un M. Bertin qui n'a pas encore gagné. La lumière est plus douce, car elle doit tout éclairer, tout souligner. La montre est déjà présente (en plus d'une bague de valeur) pour témoigner d'une certaine richesse. Mais le corps est tendu, il trahit l'animal qui doit livrer combat. Et les vêtements (élégants, coûteux) ne sont pas le cadre distingué d'un bien-être illimité, mais la scrupuleuse obéissance à des impératifs de classe.

Le visage est souriant, sûr de soi, il dissimule toute arrière-pensée : il cherche juste à inspirer confiance. La pose est classique, tranquille et aristocratique : de trois quarts, comme il se doit. Les cheveux sont bien coiffés : Beethoven n'a pas encore fait accepter l'abandon du peigne, et, avec cette main cachée et ce mobilier, leur coupe renvoie habilement au modèle napoléonien. Bon ou mauvais, c'est un précédent spectaculaire pour les bourgeois qui aspirent à l'ascension sociale. Immortalisé

Jean Auguste Dominique Ingres, *Portrait de monsieur Rivière*, musée du Louvre, Paris.

ainsi, M. Rivière semble avoir toutes les cartes en main pour partir à la conquête du monde. Mais il n'y a pas d'armes ou de blasons, aucun symbole aristocratique autour de lui : c'était son talon d'Achille. Il n'était personne. D'où la nécessité d'exhiber les siennes, d'armes. Sa personne, son mobilier, sa montre, bien sûr : mais aussi quelque chose de plus, sa noblesse spirituelle, sa supériorité intellectuelle. Et vous les voyez donc apparaître sur le bureau, près de lui, les attestations de son aristocratie d'âme : des livres (Rousseau), une partition (Mozart) et un tableau (Raphaël). À peine trente ans plus tard, M. Bertin pourra les laisser dans un tiroir, voire les ignorer. Mais pas en 1805, non. Ils ne faisaient qu'un avec son corps de bourgeois, ils étaient ses quartiers de noblesse, l'aristocratie de son sang.

Tout cela pour vous aider à comprendre qu'ils en avaient *besoin*. Une certaine idée de l'âme et de la spiritualité a constitué une nécessité, dans un contexte historique particulier. Nous en avons hérité et, aujourd'hui, la question que nous devrions nous poser est la suivante : avons-nous également hérité de cette nécessité ? Ou nous la sommes-nous imaginée ? Je ne sais pas si vous avez une réponse, vous, et, pour tout dire, je ne sais pas si j'en ai une de mon côté. Mais je sais une chose : les barbares, eux, oui.

Effort

Nous continuons donc à parler d'âme, ou à la traquer en tournant autour du terme de spiritualité, et ce que nous voulons transmettre, c'est l'idée que l'homme soit capable d'une tension qui l'élève au-dessus de la surface du monde et de soi-même, sur un terrain où n'est pas encore déployée la totalité de la puissance divine, mais où respire simplement le sens profond et laïque des choses, avec le naturel qui fait que les oiseaux chantent et que les rivières coulent, suivant un dessein qui vient peut-être vraiment d'un être bon et supérieur, mais qui jaillit plus probablement de la grandeur de l'âme humaine, laquelle remplit avec patience, effort, intelligence et goût la noble tâche de donner naissance à une première création, qui demeurera la seule pour les laïques et sera au contraire la source de la rencontre finale avec la révélation pour les croyants. Repos, vous pouvez reprendre votre souffle. Relisez peut-être la phrase, puis respirez encore. Nous essayions de comprendre comment tout cela est né de M. Bertin. C'est le paysage que la bourgeoisie du XIXe siècle s'était choisi, pressentant que sur pareil terrain elle ne pourrait pas perdre. Nous, nous en avons hérité et nous y adhérons si fortement que nous le prenons pour un décor fixe, éternel et intangible. Nous avons du mal à imaginer que l'homme puisse être un être digne hors de ce schéma. Mais ce qui se passe autour de nous, ces temps-ci, nous oblige à remettre nos certitudes en mouvement.

Si vous arrêtez, l'espace d'un instant, de considérer les barbares comme une dégénérescence pathologique qui conduira à l'appauvrissement du monde et que vous essayiez d'imaginer que leur façon de faire puisse être un moyen de redevenir vivants en échappant à la mort, alors la question que vous devez vous poser est la suivante : quelle est donc cette route inédite qui entend parvenir au sens de la vie à travers l'élimination de l'âme ? Et, avant ça : qu'y a-t-il dans l'âme qui les effraie tant, qui les fait fuir, comme si c'était un lieu de mort et non de vie ?

Deux réponses possibles me viennent à l'esprit : elles ne résolvent pas toute l'affaire à elles seules, mais je les note ici, car elles peuvent vous aider à comprendre que plusieurs solutions sont envisageables, qu'il existe des pensées ou encore des pressentiments capables de conduire à la conviction illogique qu'il faut se débarrasser de l'âme au plus vite.

La première a à voir avec le plaisir. Et avec la vérité. Un terrain miné. Mais essayons. Dans le paysage de M. Bertin, une catégorie régnait sans discussion : l'effort. Je le dis aussi simplement que possible : l'accès au sens profond des choses se faisait par l'effort. Temps, érudition, patience, application, volonté. Il s'agissait littéralement d'aller en profondeur, en creusant la surface de pierre du monde. Dans la pénombre parfumée de leurs bureaux, les propriétaires bourgeois imitaient, sans se salir les mains, ce qui était à leur époque le travail usant par excellence : celui de mineur. Pardonnez-moi de prendre encore la musique classique comme exemple, mais elle aide à comprendre : songez que, pour cette musique, être *difficile*, d'une façon ou d'une autre, en fait forcément un viatique pour un lieu noble, élevé. Vous vous souvenez de la *Neuvième*, véritable frontière à l'entrée de la civilisation qu'incarne M. Bertin ? Eh bien, quand les critiques l'entendirent pour la première fois, je dis bien la première, ils observèrent que peut-être, pour tout saisir, il leur faudrait la réécouter. Aujourd'hui, ça nous semble normal, mais à l'époque c'était une grande bizarrerie. L'idée de réécouter *Les Quatre Saisons* de Vivaldi afin de les comprendre aurait été pour un mélomane comme de prétendre revoir un feu d'artifice avant de décider s'il était beau ou non. Mais c'est ce que la *Neuvième* exigeait : l'opération par laquelle l'esprit revient sur son sujet d'étude, cherche, découvre de nouvelles notions, creuse en profondeur et, enfin, comprend. Avant-hier encore, nos grands-parents ramaient en écoutant Wagner, ils recommençaient de nombreuses fois, jusqu'au moment où ils restaient éveillés jusqu'à la fin, où ils comprenaient et étaient en mesure d'apprécier. Il faut savoir que M. Bertin aimait pareils tours de force, tout à fait dans sa nature, ce qui s'explique très simplement : la volonté et l'effort étaient ses meilleures armes, et on pourrait dire que c'était ce qui faisait défaut à une aristocratie ramollie et fatiguée. Si accéder à la dimension la plus noble des choses était une affaire de détermination, alors accéder à cette dimension devenait presque un privilège réservé à la bourgeoisie. Parfait. L'application à grande échelle – et d'une certaine façon la dégradation – de ce principe (l'effort comme voie d'accès au sens le plus noble des choses) a produit le paysage dans lequel nous vivons aujourd'hui. Notre carte des lieux où est déposé le sens, celle que nous transmettons, est un ensemble de gisements souterrains uniquement accessibles par des kilomètres de galeries difficiles et sélectives. Le simple geste originel qui consiste à s'arrêter pour étudier avec attention s'est désormais affiné, c'est une véritable discipline, ardue et sophistiquée. En 1824, on pouvait encore imaginer qu'il pût être nécessaire de réécouter la *Neuvième* pour la comprendre. Mais aujourd'hui ? Vous imaginez les heures d'écoute et d'étude nécessaires afin de forger ce qu'Adorno appelait un « auditeur avisé », c'est-à-dire le seul capable d'apprécier vraiment un chef-d'œuvre ? Et vous imaginez avec quelle constance on a diabolisé toute autre manière d'approcher le chef-d'œuvre suprême, serait-ce, éventuellement, en n'y recherchant que le crépitement d'une vie immédiatement perceptible et en oubliant le reste ? Comme l'enseigne la musique classique, il n'y a pas de récompense sans effort ni d'âme sans profondeur.

Et ce serait très bien ainsi, mais le fait est que l'écart entre la profondeur à atteindre et la quantité de sens mise au jour est devenu complètement disproportionné. On pourrait dire que la mutation barbare naît dans l'instant de lucidité où quelqu'un a compris ceci : si je choisis effectivement de prendre tout le temps qu'il faut afin de descendre jusqu'au cœur de la *Neuvième*, il ne doit guère m'en rester beaucoup pour le reste, et la *Neuvième* a beau être un immense gisement de sens, à elle seule elle n'en produit pas assez pour permettre la survie de l'individu. C'est un paradoxe qu'on retrouve dans de nombreuses études universitaires : en se concentrant au maximum sur un pan de monde, on parvient à l'éclairer, mais en renonçant à tout le reste, obtenant en définitive un résultat médiocre (à quoi bon avoir compris la *Neuvième* si on ne va pas au cinéma et qu'on ignore tout des jeux vidéo ?). C'est le paradoxe qu'on lit dans le regard perdu des adolescents à l'école : ils ont besoin de sens, du banal sens de la vie, et sont prêts à admettre que Dante, par exemple, puisse le leur fournir mais, compte tenu de la longueur, de la difficulté du chemin, si peu en phase avec leurs capacités, qu'est-ce qui leur garantit qu'ils ne périront pas en cours de route et n'atteindront jamais le but, victimes d'une présomption qui est la nôtre, pas la leur ? Pourquoi ne devraient-ils pas se construire un système qui les alimente en oxygène de manière plus rapide et plus conforme à leur nature ?

Vous savez, ce n'est pas une question d'effort, de crainte de l'effort ou de ramollissement. Je le répète : pour M. Bertin, l'effort était un plaisir. Il avait besoin de se sentir fatigué, ce tour de force était sa grandeur, il lui donnait de l'assurance. Mais qui a dit que cela devrait être pareil pour nous ? En outre, écouter une ou deux fois la *Neuvième Symphonie* ou Wagner une douzaine, c'est une chose. Lire Adorno avant d'aller au concert, c'en est une autre. Cet effort est devenu un symbole, de mortelles fourches Caudines sous lesquelles on doit passer. Pourquoi diable ? Dans ce rituel bourgeois, ne perd-on pas la simple intuition de départ, où l'accès au cœur des choses était une question de plaisir, d'intensité de vie et d'émotion ? Ne serait-il pas légitime d'exiger qu'on y revienne ? Ne serait-il pas juste de revendiquer un type d'effort qui soit agréable pour nous, comme le sien l'était pour M. Bertin ?

Les barbares ont donc inventé l'homme horizontal. Voilà le genre d'idée qui a dû leur venir à l'esprit : et si je consacrais ce temps, cette intelligence et ce soin à voyager en surface, sur l'épiderme du monde, au lieu de me damner à plonger en profondeur ? N'est-il pas possible que le sens de la *Neuvième* devienne visible, si on le laisse libre de circuler dans le système sanguin du savoir ? N'est-il pas possible que ce qu'il y a de vivant à l'intérieur soit ce qui est en mesure de voyager horizontalement, à la surface, et non pas ce qui gît, immobile, en profondeur ? Ils avaient face à eux le modèle du bourgeois cultivé, penché sur ses livres, dans la pénombre d'un salon aux fenêtres closes et aux murs tapissés, et ils l'ont instinctivement remplacé par le surfeur. Une sorte de capteur qui suit le sens là où il est vivant en surface, qui le suit partout dans la géographie de l'existant, craignant la profondeur comme s'il s'agissait d'une crevasse qui ne conduirait nulle part sinon à l'annulation du mouvement et donc de la vie. Vous pensez qu'une telle chose n'est pas fatigante ? Bien sûr qu'elle l'est, mais c'est une fatigue à laquelle les barbares sont préparés : pour eux, c'est un plaisir. C'est un effort agréable, qui leur fournit leur grandeur et leur assurance. Mister Bertin.

L'idée du surfeur. Vous savez quoi ? Il faudrait parvenir à croire que ce n'est pas une façon d'éliminer la tension spirituelle de l'homme ni d'annihiler l'âme. C'est une façon de dépasser l'acception bourgeoise, XIXe et romantique de cette idée. Le barbare recherche l'intensité du monde, comme le faisait Beethoven. Mais il suit ses propres routes qui apparaissent à beaucoup d'entre nous insaisissables ou scandaleuses.

Ai-je réussi à m'expliquer ? Si on veut, il existe une bonne raison d'éliminer l'âme ou du moins le type d'âme que nous continuons à cultiver. Ce n'est pas une pensée impossible, je tiens à vous le dire. Et c'est là le motif pour lequel, dans le prochain chapitre, j'essaierai d'esquisser une bonne raison d'éliminer M. Bertin. Ç'a à voir avec la souffrance et la guerre.

Guerre

Si je me demande ce qui incite les barbares à tout démanteler, je ne peux m'empêcher de penser que cela a aussi un lien – pas seulement, aussi – avec ce qui s'est passé au siècle dernier. Telle la sédimentation d'une souffrance gigantesque, engendrée par deux guerres mondiales et une guerre froide au bord de l'apocalypse nucléaire. Comme si le traumatisme de cette longue terreur s'était transmis du père au fils et qu'ils se fussent juré que cette chose-là, de cette façon-là, n'arriverait plus. Je ne prendrai pas cela pour un nouveau désir de paix, je n'en espère pas tant, mais, si désagréable à admettre que ce soit, je crois que ce fort vent de souffrance a inconsciemment engendré un vif soupçon à l'égard du type de culture qui a été à sa source ou qui, du moins, l'a permis. Tout simplement, dans quelque double fond de leur esprit, ils ont dû se demander : ne serait-ce pas justement cette idée de spiritualité, de culte de la profondeur, qui est à l'origine du désastre ?

De telles questions sont difficiles à digérer : on imagine l'air provocateur qu'arbore le dernier arrivé, sans même la moindre réflexion et tout fier de son rudimentaire bagage intellectuel, quand il déverse sur le meilleur de l'intelligence des deux derniers siècles la responsabilité d'une catastrophe. Or on sait que c'est précisément à cause de ce genre d'abaissement du seuil de réflexion que les masses ont pu prendre un apparent bon sens pour une intelligence révolutionnaire, mettant leurs cerveaux assoupis au service de visions délirantes. Néanmoins, cette question véhicule un doute qui, de manière souterraine, a dû mûrir au fil du temps, jusqu'à devenir un tacite lieu commun : elle montre du doigt la déconcertante continuité entre le système de M. Bertin et l'horreur qui a chronologiquement suivi, et elle se demande si ça n'a été qu'une coïncidence.

J'aimerais consacrer quelques pages aux réponses qui ont été opposées à ce soupçon, mais ce n'est pas le bon livre pour le faire. Ce qui compte ici, c'est de comprendre que, indépendamment de la réponse qu'on lui donne, cette question est légitime, elle n'a rien d'absurde. Songez simplement à ceci : il est logique de croire que cette exigence de spiritualité, de noblesse d'âme et de pensée ait pu représenter pour beaucoup de bourgeois un objectif aussi important que difficile à réaliser ; et il est logique de croire qu'une part significative de cette tension spirituelle, que beaucoup d'individus recherchaient vainement en eux-mêmes, ait pu prendre la forme de la perspective, plus accessible, d'une spiritualité collective, générale : l'idée noble de Nation, voire de race. Ce qui n'était pas immédiatement repérable dans la médiocrité de l'individu se révélait presque spectaculaire dans le destin d'un peuple, dans ses racines mythiques et ses aspirations. Le fait qu'une telle accumulation de sens se soit méthodiquement concentrée dans un idéal circonscrit et, au fond, encore neuf, celui d'identité nationale, peut aider à comprendre comment, en un laps de temps relativement court, la défense de ce périmètre mental et sentimental a pu devenir une question de vie ou de mort. Une fois engagé sur la voie presque darwinienne qui donnait à l'élément le plus noble spirituellement le droit de dominer, il n'était guère aisé de s'arrêter à bonne distance du désastre. Du reste, la culture bourgeoise elle-même ne semblait pas disposer des anticorps lui permettant de combattre une telle escalade. La boucherie des deux guerres a vu s'affronter en première ligne les cultures allemande, française et britannique, précisément celles qui avaient bâti la civilisation de la profondeur et de la spiritualité laïque : sans même leur attribuer de responsabilités spécifiques, il n'est pas absurde de noter une troublante continuité. On peut faire abstraction de l'entourage de Cosima Wagner, mais on ne peut pas ne pas remarquer, au minimum, qu'une intelligence élevée et un effort sublime n'ont pas rendu plus difficiles l'élaboration et la mise en œuvre d'une idée telle que celle d'Auschwitz.

Qu'il pût y avoir un talon d'Achille dans le système de M. Bertin, justement l'absence d'anticorps, et donc le risque potentiel qu'il se changeât en poison mortel et sans antidote possible, était du reste un danger qui n'avait pas échappé aux plus lucides. On peut ainsi considérer les avant-gardes comme une ultime acrobatie exécutée par des hommes qui voient le désastre approcher : stimuler les anticorps dans le sang de la civilisation romantique et bourgeoise. Dans l'ensemble, ils n'avaient pas en tête de la démanteler : ils voulaient se servir de ses principes fondateurs pour susciter un contre-mouvement en mesure de la sauver de l'auto-destruction. D'une certaine façon, les avant-gardes ont constitué la dernière tentative techniquement sophistiquée qui visait à sauver l'âme en lui redonnant une innocence possible. À présent nous savons que cette tentative était aussi raffinée que vouée à l'échec. Ce qui n'a pas eu lieu, c'est l'appropriation par les gens – oui, les gens – de ces voix comme si elles étaient les leurs. Les avant-gardes prononçaient des phrases dont tous avaient besoin, mais elles le faisaient dans une langue qui n'est pas devenue la langue du monde. Aujourd'hui, on peut compter sur les doigts de la main les œuvres nées au sein des avant-gardes qui sont devenues des icônes collectives. Pas une seule composition de Schönberg n'a atteint ce stade. Et je cite le plus grand, en termes musicaux. Ça ne devrait pas sonner comme un jugement de valeur : le sens de cette parabole artistique n'est pas ce qui est en discussion ici, je voulais juste expliquer que, si certains ont essayé d'interrompre cette étrange continuité entre la culture bourgeoise et le désastre du XXe siècle, ils ne l'ont pas fait d'une manière susceptible de favoriser l'adhésion des foules à de tels contre-mouvements. C'étaient des bouteilles à la mer et elles le sont restées. Les nombreux M. Bertin qui se seraient volontiers soustraits à la catastrophe se retrouvèrent de fait orphelins de tout drapeau.

Les barbares ne font pas grand cas de l'Histoire. Mais il est vrai que le geste instinctif par lequel ils échappent au pouvoir salvateur de l'âme ressemble beaucoup au réflexe de l'enfant qui évite de toucher le manche de casserole avec lequel il s'est déjà brûlé. C'est un geste en deçà du raisonnement : un réflexe nerveux, animal. Ils cherchent un contexte (une culture) dans lequel un siècle tel que le XXe apparaisse de nouveau absurde, comme auraient dû le juger ceux qui l'ont fait. Et si vous pensez au surf mental, à l'homme horizontal, au sens semé à la surface, à l'allergie des profondeurs, alors vous êtes capable de comprendre l'animal qui va se trouver un habitat susceptible de le protéger contre le désastre causé par les pères. Les brefs séjours qu'ils effectuent sur le territoire de la pensée ne ressemblent-ils pas à un moyen de s'interdire les idées risquant d'engendrer l'idolâtrie ? Et cette façon de chercher la vérité sur Internet, qu'ils mélangent en surface avec d'autres choses, n'évoque-t-elle pas une stratégie puérile mais précise pour ne pas sombrer dans une vérité absolue et forcément partiale ? Et la peur face à la profondeur n'est-elle pas aussi un réflexe conditionné de l'animal qui a appris à se méfier de tout ce qui a des racines profondes, assez profondes pour frôler le dangereux statut de mythe ? Et la constante dégradation de la réflexion, qui va se parer de formes vulgaires ou de compromissions impensables, ne naît-elle pas d'un instinct de survie consistant à toujours emporter avec soi un antidote à ses propres idées et à s'en servir avant qu'il ne soit trop tard ? Tout bien considéré, ce sont des opérations qu'on retrouve, parfaitement identiques, dans le geste d'impatience des avant-gardes. Mais, en l'occurrence, c'est un réflexe naturel, pas le double saut périlleux de l'intelligence. (Peut-être suis-je fou, mais parfois je me dis que les barbares sont une sorte d'énorme avant-garde devenue pensée unique. D'une certaine façon, le rêve de Schönberg, qui espérait qu'un jour le facteur siffloterait de la musique dodécaphonique, s'est changé en sinistre réalité : le facteur existe, il n'est pas nazi, il sifflote, mais c'est la musique d'un jingle publicitaire. Il nous reste là encore beaucoup de choses à comprendre...) Quoi qu'il en soit, ils ont peur de penser sérieusement, de penser en profondeur, de penser le sacré : la mémoire analphabète d'une souffrance vécue sans héroïsme doit crépiter quelque part en eux. N'est-ce pas une mémoire à respecter ? Ou, du moins, à comprendre ?

C'était juste pour vous mettre ma puce à l'oreille, une sorte d'entraînement pour vous habituer à penser comment l'idée de démanteler l'âme peut sembler logique et raisonnable, contre toute logique et toute raison. L'idée d'aller se chercher une âme ailleurs. Tout à fait ailleurs. Si on refuse de faire ce pas, les barbares demeurent une entité incompréhensible. Et on a peur de ce que l'on ne comprend pas.

Et s'il est une chose inutile, s'agissant des barbares, c'est d'avoir peur d'eux.

Comme je me suis donné pour tâche de les dessiner ou d'essayer de le faire, tel un naturaliste d'autrefois, j'avais simplement besoin de chausser en même temps que vous les bonnes lunettes pour les examiner. Maintenant que je l'ai fait, je peux vous conduire jusqu'à la dernière partie de ce livre. Une série d'esquisses : les croquis des barbares. J'envisage de revenir sur mes pas afin de revoir certaines de leurs aberrations, dans le but d'y reconnaître le profil d'une figure, à la lumière des découvertes que nous avons faites jusqu'à présent. Essayons.

PORTRAITS

Voilà une sensation délicieuse : dévaler la pente du livre et entrevoir le bas de la descente.

J'ignore si je vous ai convaincus, je voulais juste vous montrer que les barbares ont une logique. Ce n'est pas une cellule folle, c'est un animal qui veut survivre et qui a son idée quant au meilleur habitat pour y parvenir. Le point précis où leur différence éclate est celui où l'on se demande ce que peut signifier, aujourd'hui, *expérimenter*. On pourrait dire : *trouver le sens*. C'est là qu'ils ne se reconnaissent plus dans l'étiquette de l'époque qui les attend et qui, à leurs yeux, ne promet que des non-expériences intellectualisantes. Et vides de sens. C'est là qu'éclate leur idée de l'homme horizontal, de sens semé à la surface, de surf de l'expérience, de réseaux de systèmes passants : l'idée que l'intensité du monde ne vient pas du sous-sol des choses, mais de la lumière d'une séquence dessinée à la hâte sur la surface de l'existant. Je ne saurais dire si c'est une bonne ou une mauvaise idée, et peut-être n'est-ce pas ce que je veux faire à ce stade. Ce qui m'intéresse, c'est de rappeler que les caractères dérangeants et scandaleux que nous reconnaissons dans le style barbare s'expliquent *à la lueur* de ce premier geste. Après, il y a peut-être des choix que nous ne partageons pas, mais il est important de comprendre que ce sont des sections d'un paysage cohérent et fondé. Je me rends compte que je vous saoule depuis les premières pages avec cette histoire de cohérence barbare, le fait qu'ils ne sont pas une maladie sans explication, que l'animal forme un tout et qu'il est donc inutile de se concentrer juste sur la seule patte gauche, etc. Mais vous savez, c'est la seule façon d'arracher l'agacement et l'horreur que déclenchent les barbares aux vaines discussions de café du commerce et aux subtiles joutes intellectuelles. Et donc, ce que je vais faire durant cette descente bienvenue, ce sera de noter une série de symptômes de la barbarie et de les resituer dans le paysage qui est le leur. Comme je le disais il y a quelques chapitres de cela : relier les pattes au corps, le cri à l'animal et sa course à une unique faim intelligente. Je ne m'étendrai pas trop. Ce ne sont pratiquement que des *débuts de pensées*. Mais ça m'intéressait de vous montrer ce geste. Ensuite, vous pourrez continuer seul, si le cœur vous en dit. Prêts ? Alors j'y vais, en ordre épars. Ce qui doit venir viendra.

1. *Spectaculaire*

J'emploie ce terme, mais c'est un euphémisme. En réalité, je veux parler de toute une famille de choses agaçantes qui tournent autour d'expressions telles que *séduction, virtuosité, gonflette*, et d'adjectifs comme *facile*, *racoleur, habile.* Qu'il s'agisse de vins, de styles de jeu au football, de livres ou d'architecture, cherchez ce que la civilisation dit des invasions barbares et vous y trouverez au moins une de ces formules. Le malaise est authentique, il témoigne d'une civilisation dans laquelle s'était à l'évidence formée une idée assez précise de l'équilibre qui doit exister, dans n'importe quel objet, entre la force de la substance et la séduction de la surface. Si on veut, le terme bien connu de « kitsch » trace assez bien les contours de cet équilibre : quand la séduction excède le raisonnable ou, pire, s'exhibe en l'absence de toute substance digne de ce nom, le kitsch apparaît. Parfaitement logique.

J'ajoute une nuance qui me semble fondamentale. Souvenez-vous de M. Bertin et d'un de ses idéaux : l'effort. Souvent, ce qui agace dans le spectaculaire, c'est son lien avec la facilité et donc la disparition de l'effort. Ce phénomène a eu pour conséquence un glissement lexical qui, en vertu d'un imprudent automatisme, nous conduit fréquemment du mot *spectaculaire* ou du mot *gonflette* à d'autres comme *racoleur* ou *habile*. Des concepts qui, en fait, ne sont pas si évidents.

Prenez l'exemple suivant : qu'y a-t-il de plus spectaculaire et de plus « gonflé » que le style de Marcel Proust ? En littérature, pas grand-chose. Dans ce cas, par quel tour de magie ces expressions ne nous semblent-elles absolument pas négatives ? Voici une des réponses possibles : parce que cette dimension spectaculaire, cette inflation de langage créent de la difficulté, pas de la facilité. Elles demandent plus d'effort et, à travers ce dernier, mènent au sous-sol. En un sens, elles renferment le meilleur de ce que la civilisation est susceptible de désirer : tout le plaisir du spectaculaire et de la virtuosité, légitimé par un effort considérable et par un voyage balisé dans les profondeurs. Bingo.

Mais le spectaculaire des barbares ne demande pas d'effort. Dans ce qu'ils font, c'est plus un raccourci, une facilité, une drogue. En outre, c'est souvent la parure d'une substance à peine perceptible et dans tous les cas friable, qui provient fréquemment de modèles fournis par la civilisation elle-même, des modèles digérés et dégradés. Mettez les deux choses ensemble et vous aurez une idée du mépris que l'homme civilisé éprouve face au barbare.

Nul doute que celui-ci, de son propre point de vue, a des arguments à faire valoir.

Mais quel est-il, ce point de vue ?

Pour commencer, l'effort, le barbare s'en fiche. Pas parce qu'il est idiot (enfin, il ne l'est pas toujours), mais parce que, à ses yeux, ce n'est pas une valeur, comme on l'a vu. Ou plutôt ce n'est plus un plaisir, comme pour M. Bertin, et ce n'est donc pas une valeur. Avec une obstination digne d'un certain respect, le barbare a cessé de penser que le chemin vers le sens passait par l'effort et que le sang du monde coulait en profondeur, là où seul un dur travail de fouilles pouvait l'atteindre. Aux yeux de beaucoup d'entre nous, c'est une position qui paraît toujours aussi risquée et, de fait, elle l'est. Le barbare fait donc sauter un des critères justifiant le soupçon à l'égard de ce qui est spectaculaire. Le plus beau, c'est la façon dont il désintègre l'autre.

En effet, si vous pensez que le sens se présente telle

une séquence et qu'il a l'aspect d'une trajectoire passant par plusieurs points, alors cela signifie que c'est le mouvement qui vous tient à cœur : la possibilité réelle de vous déplacer d'un point à l'autre dans un laps de temps qui permet au tableau d'ensemble de ne pas disparaître. Or, qu'est-ce qui engendre ce mouvement, qu'est-ce qui l'entretient ? Votre curiosité, bien sûr, votre envie d'expérimenter. Mais, croyez-moi, ça ne suffirait pas. Ce qui propulse ce mouvement vient aussi des points de passage : qui ne consomment pas d'énergie, comme c'était le cas pour M. Bertin (l'effort), mais en fournissent. Concrètement, la seule chance qu'a le barbare de se forger de vrais segments d'expérience, c'est de recevoir une nouvelle poussée à chaque étape de son voyage. Mais ce ne sont pas les étapes, c'est le système passant qui crée une accélération. (Vous me pardonnerez ce jargon de physicien, qui nous permet simplement de nous comprendre. C'est une sorte de physique de l'esprit.) On pourrait dire que le cauchemar du barbare est de rester coincé aux points de transit ou d'être ralenti par la tentation d'analyser, voire bloqué par un détour inopiné dans les profondeurs. C'est pour cette raison qu'il aura tendance à privilégier les points de passage qui l'expulsent au lieu de le retenir. Il cherche la crête de la vague, pour surfer magistralement. Où la trouve-t-il ? Là où réside ce que nous appelons, nous, le *spectaculaire*. Le spectaculaire est un mélange de fluidité, de rapidité, de sens de la synthèse et de technique qui provoque une accélération. On rebondit sur le spectaculaire. On jaillit. On reçoit de l'énergie au lieu d'en consommer. On produit du mouvement au lieu d'en absorber. Le barbare va là où il trouve le spectaculaire, car il sait que cela diminue le risque de devoir s'arrêter. Que cela diminue le risque de devoir penser, dit-il, voilà la vérité. Peut-être, mais peut-être pas : car il pense moins, le barbare, mais il pense, et il balaie des réseaux sans nul doute plus étendus. Il couvre horizontalement un chemin que nous sommes habitués à imaginer vertical. Il pense le sens exactement comme nous, mais à sa façon.

Un jour, j'ai lu cette phrase : « Quand on escalade la façade d'un immeuble, il n'est nul ornement qui ne paraisse fort utile. » Peut-être était-ce Kraus, mais je n'en jurerais pas. Quoi qu'il en soit, c'est une image qui peut vous aider à comprendre. Ce que la civilisation est habituée à considérer comme un ornement non essentiel constitue la substance même, pour le barbare qui escalade des façades et n'habite pas les immeubles. Vous n'arriverez jamais à approcher sa façon de penser si vous n'arrivez pas à imaginer que le spectaculaire, pour lui, n'est pas un des attributs possibles de ce qu'il fait, *c'est ce qu'il fait.* C'est une condition préalable de l'expérience : il ne lui est quasiment pas donné d'accéder à autre chose qu'à des faits dotés de cette capacité à engendrer le mouvement, c'est-à-dire des faits spectaculaires. Et donc, si autrefois l'équilibre à sauvegarder était entre la force de la substance et la séduction de la surface, pour le barbare le problème se pose en termes profondément différents, car à ses yeux la séduction est un type de force et la surface est le lieu, étendu, de la substance. Là où nous voyons une antithèse ou, du moins, deux éléments de natures distinctes, il voit un seul et unique phénomène.

Là où nous cherchons une réponse, pour lui il n'y a pas de question. Et donc, lorsque la civilisation critique dans l'objet barbare l'aspect racoleur, gonflé ou facile, elle affirme dans le même temps une chose vraie et une autre fausse. Il est vrai que cet aspect est présent, mais on a tort, au moins suivant la logique barbare, de croire que c'est un défaut. C'est essentiel, mais pas contingent, aurait-on dit autrefois. Par cet aspect, le barbare désintègre le totem de l'effort (ainsi que toute la culture qui en découlait) et s'assure la permanence du mouvement (le fondement de *sa* culture). Il va de soi qu'il y a toujours des critères de bon goût et de mesure en fonction desquels juger, chaque fois, si un objet est réussi ou ne l'est pas. Mais je crois pouvoir dire que, quand nous critiquons dans l'objet barbare l'excès de spectaculaire, de séduction, de racolage, nous ressemblons à quelqu'un qui secoue la tête face à une girafe en disant : trop longs, ce cou et ces jambes, quelle horreur. Le problème, c'est que ce n'est pas un cheval allongé et raté. C'est une girafe, un animal splendide, qu'il y a très longtemps on n'offrait qu'aux rois, un présent fort précieux.

Vous voulez un exemple qui vous aide à comprendre ? Prenons le cinéma.

2. *Cinéma*

Exemple de spectaculaire qui puisse être substance plutôt qu'attribut : le cinéma. La baraque de fête foraine qui est devenue le septième art. Prenez un lecteur de Balzac au XIXe siècle et montrez-lui, disons, *Full Metal Jacket* (pas *Matrix*, je dis bien *Full Metal Jacket*). Avant de s'évanouir, il aura certainement eu le temps de remarquer, non sans dégoût, la nature regrettablement spectaculaire de ce langage expressif : la vitesse, le montage, les gros plans, la musique, les effets spéciaux. Nul doute que la chose lui semblera horriblement facile, racoleuse, gonflée, habile. Et, selon ses paramètres, elle l'est. Selon les nôtres, non. Car nous reconnaissons d'avance et dans une certaine mesure nous pardonnons au cinéma son essence spectaculaire, nécessaire à son existence. Devant les films hollywoodiens, nous nous attardons encore à mesurer la dimension spectaculaire et à estimer à quel point sa présence nuit au sens, à l'intelligence, à la profondeur. Mais, là aussi, c'est un raisonnement quelque peu académique, qui se heurte à notre besoin instinctif de prendre ces mêmes films pour mythologie de notre temps. Aux yeux d'un lecteur balzacien, *La Chevauchée fantastique* serait plutôt méprisable. Aux nôtres, c'est un classique.

Du reste, le cinéma (forme d'expression privilégiée de la culture barbare : c'est de lui que descendent la télévision, les vidéoclips, les jeux, etc.) est presque un résumé, un symbole de la méthode barbare : comment rendre compte, dans une unité rapidement perceptible, d'une trajectoire qui passe par plusieurs étapes si différentes entre elles ? Songez simplement au point de vue, à l'angle que choisit la caméra : comment réussir à transformer en regard unique (celui du spectateur) ces bonds entre des points de vue différents disséminés dans l'espace ? Dans la vie, personne ne voit comme ça. Mais au cinéma, si, et c'est même assez naturel. Ce naturel nécessite une certaine suspension de l'intelligence : l'aspect spectaculaire du cinéma (en l'occurrence le montage) est l'exercice de gonflette qui crée le naturel. Le spectaculaire rend possible la trajectoire qui, ensuite, produit du sens : d'abord il l'embrume, puis il l'éclaire.

Et, sur un plan plus sophistiqué, il y a cet éternel bras de fer entre livres et films, quand les premiers sont portés à l'écran : qu'on adapte, que sais-je, un roman de Conrad. D'instinct, le cinéma abrège, simplifie, ordonne... La merveilleuse liberté de n'importe quel livre est soumise à un spectaculaire qui arpente la surface, enfilant les scènes clés et brimant manifestement les profondeurs insondables du texte. Mais il est tout aussi vrai qu'en définitive le film existe, qu'il est émouvant, à sa façon, et qu'il a une force à lui, qu'il est tout à fait doté de sens, qu'il modifie même notre rapport au livre (par exemple : le *Moby Dick* de John Huston). Et on se demande alors si, au fond, il ne s'agit pas là encore d'un geste typiquement barbare : transformer un livre en système passant. Dans leur logique, ils l'ont sauvé.

Le cinéma comme prototype de tout système passant.
Un cours d'initiation à l'architecture barbare.
La mutation pour les nuls.

3. Nostalgie

On ne peut rien comprendre aux barbares si on ne comprend pas que la civilisation d'où ils se sont éclipsés continue d'exister en eux telle une sorte de terre natale dont ils n'ont pas été dignes.

La nostalgie que conserve le poisson du temps où il vivait sur la terre ferme.

Vraiment : cherchez toujours, dans tout triomphe barbare, la *nostalgie*. Peut-être même un léger sentiment de culpabilité.

D'étranges hésitations, de petits gestes, des concessions inattendues à la profondeur, une solennité puérile.

La mutation est *douloureuse* : et donc toujours imparfaite, incomplète.

4. *Séquences synthétiques*

Dans son rapide voyage à la surface du monde, à la recherche d'une trajectoire qu'il appelle ensuite *expérience*, le barbare rencontre parfois des stations intermédiaires d'un genre très particulier. Que sais-je : *Pulp Fiction*, Disneyland, Mahler, Ikea, le Louvre, un centre commercial, la Fnac. Plus que des stations de transit, elles forment à des titres divers, semble-t-il, le résumé d'un autre voyage : un condensé de points radicalement étrangers entre eux, mais agglomérés en une seule trajectoire que quelqu'un a conçue à notre place et nous a ensuite donnée. En ce sens, ces étapes offrent au barbare une chance unique : multiplier la quantité de monde susceptible d'être collectée au fil de son rapide parcours de surf. L'illusion qu'ils ont, c'est de parcourir toutes les lignes ferroviaires qui passent par là en s'arrêtant dans une seule gare. En passant par *Pulp Fiction*, on visite d'un coup une belle anthologie iconographique du cinéma. De la même façon, après trois heures au Louvre, on rapporte chez soi un solide morceau d'histoire de l'art. Dans une boutique de meubles, on peut trouver la table de chevet qu'on voulait, mais chez Ikea on trouve un style de vie, une certaine idée cohérente de la beauté, voire une façon particulière d'occuper sa place dans le monde (c'est un endroit dans lequel l'idée de rapporter le sapin de Noël après usage est inséparable d'une certaine conception de la chambre des enfants). Ce sont tous des macro-objets atypiques que j'appellerais des *séquences synthétiques*. Ils suggèrent l'idée qu'on peut construire ses propres séquences en enfilant non seulement des éléments de réalité isolés, mais surtout des concentrés de séquences formalisées par d'autres. Un effet multiplicateur impressionnant, il faut bien le reconnaître. On pourrait presque affirmer que, après les avoir découvertes, le barbare a choisi ces séquences synthétiques comme stations de transit privilégiées de son parcours : et quand on construit des stations de passage, on a tendance à suivre ce modèle. Du café-librairie au journal accompagné de livres ou de disques en supplément, jusqu'aux énormes centres commerciaux qui possèdent même une chapelle, ce qui prévaut, c'est l'idée instinctive qu'en passant par un point qui en contient trois, ou cent, on peut arriver à collecter une impressionnante quantité de monde.

Certes, cela peut paraître délirant, mais seule une telle aberration justifie d'un point de vue théorique la perte de sens que pareilles concentrations de monde engendrent invariablement. Exemple : avec l'apparition des *bookstores* géants, le si regretté rapport avec le libraire de proximité, qui avait tout lu et savait tout, peut aller se faire voir et, avec lui, probablement toute possibilité que la spécificité de l'individu et la liberté des passions réussissent pour de bon à influencer intelligemment le marché. Mais ce que fait le grand *bookstore* pour compenser cette perte, c'est de se présenter comme le grandiose résumé d'un voyage entier, mettant à disposition des pans de paysages ou des croisements géographiques qui, dans la petite librairie, étaient invisibles. En examinant le ticket de caisse de quelqu'un qui sort de la Fnac, on perçoit physiquement des séquences de consommation (d'expérience, donc, pour les barbares) qu'aucun petit magasin ne serait en mesure de produire. Ce type de force, de sens déployé, est ce que le barbare recherche : peut-être devine-t-il lui-même le prix à payer, mais il est disposé à le payer, c'est certain.

Pour comprendre toute l'affaire, il manque encore une pièce du puzzle. On pourrait objecter qu'un roman de Flaubert aussi était, est toujours, une séquence synthétique : un voyage formalisé, synthétisé, créé pour être consommé sans bouger de chez soi. C'est indiscutablement vrai. Dans ce cas, pourquoi lui non et Disneyland oui ? Quelle différence y a-t-il ? Juste que Flaubert est intelligent et Disneyland non, si bien que le barbare va chez Dingo et pas chez Mme Bovary ? Si une telle réponse est la bonne, elle l'est, me semble-t-il, dans un nombre de cas plutôt insignifiant. Il y a là quelque chose de plus subtil. N'oubliez pas que le barbare cherche toujours et seulement des systèmes passants : il veut des stations intermédiaires qui n'étouffent pas son mouvement mais qui, au contraire, le régénèrent. Quand il approche de séquences synthétiques (des portions massives de monde coagulées en un seul point), il sait qu'il court un risque : celui d'y rester prisonnier. Ces stations promettent une telle convergence de morceaux épars qu'elles peuvent devenir des destinations finales. C'est le spectre de la voie de garage. C'est pour cette raison que le barbare privilégie les séquences synthétiques qui conservent une forme de légèreté et de fluidité structurelle, celles qui sont capables d'accélérer le pas de celui qui les traverse, tout en évitant tout enracinement excessif de l'attention. Souvent, une telle acrobatie peut se résumer par un terme : spectaculaire. Il est employé dans un sens plutôt indirect, mais c'est le bon terme. Le spectaculaire générateur de mouvement est le secret de Disneyland et, plus globalement, de toutes les séquences synthétiques qui ont du succès aujourd'hui. (Si l'on admet que Flaubert en était capable, ce n'était pas ce qui l'intéressait : il travaillait pour M. Bertin.) Naturellement, dans le terme *spectaculaire*, on trouve un peu tout ce que la civilisation non barbare exècre : la facilité, la superficialité, les effets spéciaux, l'avidité commerciale, etc. Ce sont là des pertes de sens importantes à ses yeux. Un lent massacre. Mais je voulais vous expliquer que, pour le barbare, ce sont au contraire les conditions préalables à son mouvement : le prix à payer (pour lui négligeable) avant la récompense de l'expérience.

5. Passé

S'il est une chose qui rend la civilisation furieuse, c'est le type de rapport que les barbares entretiennent avec le passé. Pas vraiment avec l'Histoire passée : avec la *culture* du passé. C'est une question très intéressante.

Dans l'ensemble, la civilisation se fonde encore sur les préceptes de M. Bertin : la culture du passé est le lieu de nos racines, elle est donc le lieu du sens par antonomase. Par exemple : Dante, la cathédrale de Reims, les symphonies de Haydn. Pour y accéder, il faut beaucoup d'efforts, remonter le cours du temps et maîtriser les langues dans lesquelles le sens est énoncé : le mineur devient archéologue et traducteur, et, avec un soin infini, il œuvre à retrouver des vestiges anciens en veillant à ne pas les endommager. Puis il les nettoie, si nécessaire il réunit les morceaux, il les étudie et les met dans un musée. C'est le genre de procédure que M. Bertin adorait. Aujourd'hui, c'est le protocole officiel de notre rapport avec le passé. Des cohortes de grands prêtres et de cerbères intellectuels se donnent chaque jour la peine de le transmettre. Des sommes étonnantes d'argent public sont dépensées sans que personne bronche, afin de s'assurer que les gens le respectent. Je le résumerais ainsi : le passé est un des lieux privilégiés du sens. Il faut comprendre qu'il n'est jamais fini, qu'il revit dans chaque geste qui sait l'arracher à l'oubli. Savoir l'arracher à l'oubli est une affaire d'effort, de rigueur, d'étude et d'intelligence. Voilà.

En la matière, la vision des barbares est diamétralement opposée. Je la résumerais ainsi : la passé est passé, comme l'indique le mot lui-même. Fin de la discussion.

Et, jusque-là, c'est consternant. Mais poursuivons.

Tout bien considéré, le passé n'est nullement absent de l'imaginaire collectif des barbares. Disons qu'il est présent, très présent même, mais sous une forme particulière. Le passé occupe dans l'esprit des barbares la même place que les choses vieilles ou anciennes dans les bandes dessinées et les films de science-fiction. Un monocle sur le visage d'un extraterrestre qui s'apprête à envahir la Terre. Une voûte gothique dans le palais du méchant roi. La poignée en bois d'une épée-laser. Certes, dites-vous, d'accord, mais qu'est-ce que ça signifie vraiment ? Je vais essayer de vous l'expliquer. Pour les barbares, le passé est une décharge, un champ de ruines : ils viennent, fouillent, prennent ce dont ils ont besoin et s'en servent pour bâtir leurs maisons. Ils sont comme les hommes qui dressaient des basiliques chrétiennes en employant les matériaux d'un temple païen désaffecté et qui réunissaient des morceaux de colonnes afin de faire tenir des toits que ces colonnes n'auraient jamais pu supporter. Vous commencez à voir ? Pour les gens comme M. Bertin, la bonne chose à faire, c'était au contraire de reconstruire le temple païen exactement comme il était ! Mais eux prennent un morceau par-ci, un morceau par-là, et voilà une belle basilique chrétienne. Il n'y avait pas de cerbères pour surveiller et pas encore de conservation des monuments historiques !

On peut aussi le dire comme ça : les barbares travaillent sur des éclats du passé transformés en systèmes passants. Tandis que, dans notre modèle culturel, le passé est un trésor enfoui qu'on ne possède qu'après avoir longuement creusé, pour le barbare le passé est ce qui, du passé, remonte en surface puis entre en circulation avec les morceaux du présent. Ce sont comme des radeaux après un naufrage qui, parvenus jusqu'à nous, sont maintenus à flot par le sentiment collectif. Ce sont toujours des morceaux, des épaves, des fragments ; ils n'ont jamais la solennité achevée d'un navire entier fuyant la tempête du temps : seulement la proue, une paire de chaussures, une boîte à chapeau. Ismaël fut le seul à avoir la vie sauve, vous vous rappelez ? On le retrouva accroché à un cercueil flottant.

Des cercueils flottants portés par le courant : voilà ce qu'est le passé, pour les barbares.

Un corollaire fascinant d'une telle position dit ceci : le passé forme une seule ligne qu'on peut définir comme *ce qui n'est plus*. Alors que, pour la civilisation, le cœur de la question consiste à mesurer chaque fois la distance avec le passé, à la combler, à la comprendre, avec la sublime expertise de l'archéologue et de l'exégète, pour le barbare cette distance est standard : la colonne grecque, le monocle, l'épée et la ruine médiévale sont sur une même ligne, empilés dans une même décharge. Ainsi, ils sont immédiatement repérables : pas besoin de remonter quoi que ce soit, on tend la main et ils sont là. On peut trouver ça atroce, mais n'oubliez pas que ce type de rapport au passé n'est pas inédit pour l'homme occidental et qu'il a d'illustres précédents. Je sais que vous ne le croirez pas, mais c'est vrai : les héros de l'*Iliade*, par exemple, n'étaient pas la reconstitution philologique de quelque civilisation ayant existé, mais l'assemblage imaginaire de passés stratifiés et tous alignés sur une idée absurde. Pour le public du VIIIe siècle avant notre ère, imaginer Achille entrant sur le champ de bataille devait être comme, pour nous, d'imaginer un superhéros viking au volant d'une Ferrari sans essence tirée par des chevaux, et armé d'un arc en tungstène, l'iPod dans la poche de sa tunique de croisé (bande-son : des chants grégoriens accompagnés au saxophone). Quand il parle, c'est en latin. Quand il chante, c'est *La Marseillaise*. Et donc, vous trouvez peut-être ça atroce, mais ç'a déjà existé. Et avec de telles idées saugrenues, on faisait des poèmes homériques. D'ailleurs, même au temps de M. Bertin, qu'était *Ivanhoé*, sinon un assemblage de ce genre ? Et l'Égypte ancienne de l'*Aïda* ? M. Bertin dictait la ligne mais, ensuite, les autres faisaient ce qu'ils voulaient dans leur coin, fiers d'une schizophrénie dont, nous le verrons, nous avons joyeusement hérité.

Pour résumer, la civilisation nous enseigne à descendre consciemment et savamment dans le passé, avec pour objectif de le ramener à la surface sous sa forme authentique. Les barbares, eux, construisent avec les débris, ils attendent des radeaux flottants avec lesquels bâtir leur maison et décorer leur jardin. La première solution est tellement fatigante et la seconde si ludique que les organes de contrôle de la civilisation (école, ministères, médias) ont fort à faire pour empêcher que toute la collectivité ne glisse sur la pente de la barbarie. La discipline s'est donc érigée au rang de culte et la surveillance, elle, est acharnée. On répète quotidiennement l'axiome selon lequel l'usage du passé que font les barbares est à la civilisation ce que le hamburger de McDonald's est au confit de canard. Et les gens font semblant d'y croire. Mais, au fond, ils savent que le véritable axiome est différent : le passé des barbares est à celui de la civilisation ce que *manger* un hamburger est au geste de *regarder* un confit de canard. Dans cette intuition, les gens lisent la conviction typiquement barbare que le passé n'est utile que quand il peut devenir immédiatement présent et là où il le peut. Lorsqu'on peut le consommer, le manger, le convertir en vie. Ce n'est pas un principe esthétique, le rapport au passé, ni une forme d'élégance : c'est la réponse à une faim. Le passé n'existe pas : c'est le matériau du présent. Sans doute est-il vrai, songe le barbare, que le confit de canard est meilleur que cet horrible hamburger. Mais j'ai faim, ici et maintenant, et, si je dois aller jusque dans le Périgord pour manger cette splendeur, j'y arriverai les pieds devant. Surtout depuis que le voyage jusqu'au Périgord est devenu long, sélectif, sophistiqué, élitiste et parfaitement assommant. Alors je m'arrête ici. Et je mange mon hamburger, en écoutant sur mon iPod *Les Quatre Saisons* de Vivaldi en version rock et en lisant un manga japonais, et surtout en y mettant dix minutes, dix, avant de ressortir, car je n'ai plus faim et le monde est là, prêt à être traversé. C'est une position discutable. Mais c'est une position, ce n'est pas une folie.

Peut-être le véritable moyen de résistance au saccage du passé par les barbares pourrait-il être conçu par une civilisation qui cesserait de nier systématiquement la légitimité de ce geste et qui évaluerait ce que les barbares font du butin de leur pillage. En définitive, ce qui devrait compter, c'est de savoir *ce qu'ils fabriquent* avec ces débris. C'est une chose de bâtir des basiliques, c'en est une autre de se servir de colonnes corinthiennes pour faire des barbecues. Comme ils font beaucoup de barbecues, il y aurait largement la place pour une critique utile et salutaire. Mais je dois constater que la civilisation préfère en général se soustraire à pareille confrontation et se barricader derrière sa propre Muraille de Chine : en continuant imperturbablement à exiger qu'on reconstruise le temple d'Apollon avec ces pierres, rien d'autre.

C'est une bataille sensée, j'en suis conscient. Mais quand on s'aperçoit qu'elle est perdue, cela a-t-il encore un sens de vouloir toujours la livrer ?

6. Technique

Les systèmes passants, la connaissance comme un tour en surf, les séquences synthétiques, l'expérience telle une trajectoire : désormais vous savez identifier les formes et la logique du mouvement barbare. Vous êtes donc en mesure de comprendre une des rares objections fondées et raisonnables que la civilisation peut lui opposer : à savoir que *c'est juste de la technique sans contenu*. Ou, plus précisément : que c'est une forme d'expertise, d'acrobatie, de tour de magie, dont n'émane aucune valeur, aucun principe, aucune connaissance. Est-ce le cas ? Difficile à dire. Mais il est vrai qu'au fond, pour le barbare, n'importe quelle pièce du monde en vaut une autre : c'est son voyage, son surf, sa séquence, qui les rend toutes significatives. Ainsi, lire Calvino, collectionner les films de Rocco Siffredi, manger japonais, supporter les Lakers et jouer de la viole de gambe deviennent des gestes en soi équivalents, qui tirent leur signification particulière uniquement de l'opération consistant à les disposer l'un à la suite de l'autre, en séquence, et à les transformer en expérience. Concrètement, le sens n'est pas dans les choses : il est produit par la technique de celui qui les perçoit. De grâce, ce n'est pas une idée neuve, mais, dans le cas des barbares, elle a des échos inquiétants : comme la technique est, en définitive, à la portée de n'importe quel barbare, il faut s'habituer à l'idée que la séquence montée par un parfait imbécile puisse être génératrice de sens et qu'elle témoigne donc de quelque forme inédite d'intelligence. En pratique, nous finirons par accorder du crédit à toute idiotie qui se présentera sous forme de séquence superficielle, rapide et spectaculaire. De même que, par le passé, pour prendre un exemple, nous avons automatiquement attribué une valeur artistique à tout morceau de musique savante qui se présentait sous forme intellectualisante et incompréhensible. Puisque nous sommes du genre à exposer des toiles montrant une simple déchirure, et à les commenter, à les considérer comme une étape importante de la civilisation, nous sommes tous susceptibles de nous prosterner devant le premier barbare qui créera une séquence à partir d'un enfant éventré, d'une partie d'échecs et de la Vierge de Fatima, par exemple. Ce risque est réel.

Du reste, peut-être serait-il tout aussi judicieux de se demander : était-ce si différent pour d'autres époques de mutation telles que le siècle des lumières et le romantisme ? Ne s'agissait-il pas, là aussi, de techniques ? Et chaque fois qu'elles ont été employées comme technique pure, comme virtuosité, comme spectacle, n'ont-elles pas produit, elles aussi, des choses méprisables ? Et combien d'idiots sont-ils devenus des héros du simple fait d'avoir employé ces techniques, au bon endroit et au bon moment ? Cela devrait-il nous inciter à condamner le siècle des lumières et le romantisme en tant que mutations désastreuses ? La musique de Richard Clayderman nous dit-elle quoi que ce soit sur celle de Chopin, sur sa valeur ? Le fait que des gens puissent accrocher dans leur salon des puzzles encadrés représentant des paysages suisses contredit-il la grandeur de la perception romantique de la nature ?

Dommage que ce ne soient là que des *esquisses de pensées*. Il y aurait de quoi continuer pendant de nombreux chapitres. Mais n'ayez crainte, je ne le ferai pas. Ce qui ne signifie pas que vous ne pouvez pas le faire, vous, dans votre petite chambre.

7. Démocratie

Et si l'avènement de la démocratie avait été un des signes avant-coureurs de l'invasion barbare ? Terrain miné ! Je pourrais m'arrêter là, mais je continue, au risque de sauter en l'air.

C'est indiscutable : si les barbares sont bien tels que j'ai essayé de les décrire jusqu'à maintenant, la démocratie possède de nombreux traits caractéristiques du geste barbare. Songez à l'idée de pulvériser le sens (c'est-à-dire, en politique, le pouvoir) à la surface d'innombrables points équivalents (les citoyens) au lieu de le maintenir ancré à un seul point sacré (le roi, le tyran). Songez à l'idée que le pouvoir soit remis entre les mains de l'homme non pas le plus noble ou même le meilleur, le plus fort, mais au plus cliqué (voté). Songez à la conviction que le pouvoir n'a aucune légitimation verticale (le roi était l'élu de Dieu), mais plutôt une légitimation horizontale (le consensus des citoyens) : ainsi, toute l'histoire du pouvoir se joue en surface, où prévalent les faits actuels, et pas en profondeur, où compteraient l'appartenance à une dynastie ou bien celle à une certaine religion. Songez à la propension historique, physiologique, de la démocratie à faire de la moyenne une valeur, choisissant systématiquement d'appliquer les idées et les solutions qui rencontrent le plus large consensus possible. Songez à la vitesse à laquelle la démocratie remet en jeu le pouvoir, songez à ce que sont quatre années de mandat pour un président américain à côté des siècles de règne d'une dynastie ou par rapport aux décennies d'un tyran. Tout cela n'est-il pas singulièrement barbare ? Qu'est-ce que cela peut bien signifier ? Cela ne voudrait-il pas dire que la démocratie est un des girons qui engendrent la culture barbare, un de ses lieux fondateurs ? Ou n'est-ce qu'une illusion d'optique ?

Comme ce serait *utile* de trouver quelqu'un qui nous fournisse la réponse. Moi, j'arrive à peine à entrevoir la question. Qui devient encore plus compliquée si je renonce à toute prudence et que je souligne combien la démocratie ressemble aux barbaries, surtout par ses traits les plus dégénérés. Ceux qui sont sous nos yeux. Je vous cite deux exemples. Vous vous souvenez de la nostalgie ? Une chose que j'ai écrite il y a quelques pages : qu'on ne comprend rien aux barbares si on ne voit pas que leur mutation est toujours imparfaite, car conditionnée par une nostalgie irrationnelle du monde qu'ils détruisent. Voire par un léger sentiment de culpabilité. Voilà. Que pensez-vous de l'idée que, très probablement, aux États-Unis, ces dernières années et les prochaines, deux familles ont occupé et occuperont le pouvoir, les Bush et les Clinton ? N'est-ce pas une forme perverse de nostalgie pour les bonnes vieilles dynasties ? Et choisir démocratiquement, comme on l'a fait en Italie, d'être dirigé tout simplement par l'homme le plus riche du pays : n'est-ce pas là une forme infantile de déni de soi nostalgique, de regrets tardifs ? Au nom de quelle forme absurde de dégénérescence embrasse-t-on, sans l'avouer, l'ennemi qu'on avait vaincu ? N'est-ce pas la même forme de nostalgie et de sentiment de culpabilité qui habite presque tous les gestes barbares ? Le même type d'*imprécision* ?

Voici un second exemple, ensuite je m'arrêterai. Cette sensation que la démocratie est désormais une technique qui tourne à vide, célébrant une seule et unique valeur réellement reconnaissable, c'est-à-dire elle-même. Je ne sais pas si c'est une idée que je me fais ou si nous sommes nombreux à la partager. Mais on a souvent l'impression que même les principes de liberté, d'égalité et de fraternité qui fondent l'idée de démocratie ont en quelque sorte coulé à pic, et que la seule valeur effective de la démocratie est la démocratie. Lorsqu'on limite les libertés individuelles au nom de la sécurité. Qu'on transige avec les principes moraux pour exporter la démocratie par la guerre. Quand on résume la complexité des nuances politiques en opposition entre deux camps qui, au fond, se disputent une poignée d'indécis coincés au milieu. N'est-ce pas le triomphe de la technique sur les principes ? Et cela ne ressemble-t-il pas de façon surprenante au même éventuel délire barbare qui risque de sanctifier une simple technique pour en faire une divinité reposant sur une absence de sens ? Fixez dans les yeux la démocratie et la barbarie : vous y verrez la même tendance à devenir des mécanismes parfaits qui se déclenchent à intervalles réguliers sans jamais rien produire d'autre qu'eux-mêmes. Des montres qui fonctionnent à la perfection, mais sans faire bouger aucune aiguille.

8. *Authentique*

Voilà un terme magnifique, qu'on cultivait avec ferveur du temps de la civilisation : l'*authentique*. Souvent, on le mettait en étroite relation avec un autre terme qui nous était cher : l'*origine*. Nous pensions qu'en profondeur, à l'origine des choses et des gestes, se trouvait le lieu primordial où elles accédaient à la création : là où elles commençaient, on pouvait distinguer leur profil *authentique*. Naturellement, nous l'imaginions grand et noble. Et on mesurait la tension morale d'un geste, d'une idée ou d'un comportement précisément à l'aune de sa proximité avec l'authenticité originelle. C'était une façon certes fragile d'envisager les choses, mais aussi clairement et agréablement normative. Elle nous permettait d'entrevoir une règle, une *belle* règle. Esthétiquement appréciable et donc, d'une certaine façon, fondée.

Et maintenant ? S'il est une chose que les barbares ont tendance à pulvériser, ce sont bien les notions d'authenticité et d'origine. Ils sont persuadés que le sens ne se développe que là où les choses se mettent en mouvement et forment une séquence les unes avec les autres, de sorte que la catégorie des *origines* leur paraît plutôt insignifiante. C'est presque un lieu de solitude immobile dans lequel le sens des choses est encore en devenir. Là où nous voyions le nid sacré de l'authentique, de l'origine, ils voient l'antre d'une préhistoire dans laquelle le monde n'est guère plus qu'une promesse. Là où nous plaçons l'être par excellence, authentique et pur, ils ne voient qu'un mouvement initial d'une dangereuse fragilité : pour eux, la force du sens est ailleurs. Elle vient après.

Ainsi formulée, la chose impressionne, mais une fois traduite par quelques exemples, vous verrez qu'elle sera moins traumatisante. Marilyn Monroe. Quel était le visage authentique de cette femme ? Cela intéresse-t-il quelqu'un de le savoir ? N'est-il pas plus important de mesurer ce qu'elle a représenté pour des millions d'hommes, ce qu'elle a été et ce qu'elle est toujours dans l'imaginaire collectif ? Si on vous dit qu'en fait le sexe ne lui plaisait guère, ça vous intéresse ? Imaginons l'espace d'un instant qu'il ne l'ait *vraiment* pas intéressée : ne sentez-vous pas que ce trait authentique, originel, échoue à restituer le sens que cette femme a eu dans la culture occidentale ? Ce qui est réellement authentique, dans la figure de Marilyn, c'est ce qui s'est cristallisé dans la perception collective. Marilyn est Marilyn Monroe, pas Norma Jean Baker, son vrai nom.

Transférez un tel raisonnement à tout autre événement et vous aurez le sens, par exemple, du journal dans lequel j'ai écrit ces lignes. Pensez-vous que, dans ces pages, on essaie de reconstituer le visage authentique du monde ? Je ne vois nulle part trace de pareille ambition. En revanche, un formidable talent (dans ce journal et dans tout le journalisme contemporain) y agglomère le matériau friable que les faits libèrent lorsqu'ils entrent en relation avec d'autres faits et avec le public. C'est comme si eux, les journalistes, étaient capables, plus capables que les autres, de suivre la trajectoire des faits et de repérer le point exact où celle-ci croise une écoute collective, un nerf à nu, une disponibilité d'âme : c'est seulement là, dans cette conjonction heureuse, que les faits deviennent réalité. Que conservent-ils de leurs traits originels et, comme nous le disions, authentiques ? Très peu de chose, en général. Mais, par convention, ces traits sont devenus des débris négligeables. Un peu comme le vrai nom de Marilyn.

En la matière, le journalisme et, plus globalement, les médias représentent bel et bien le fer de lance de la barbarie triomphante. Plus ou moins consciemment, les journalistes offrent une lecture du monde qui déplace le barycentre des choses de leurs origines à leurs conséquences. Pour le meilleur et pour le pire, le journalisme moderne considère que le plus important dans un événement, c'est la quantité de mouvement qu'il est en mesure d'impulser dans le tissu mental du public. À un niveau extrême, un conflit historique et sanglant dans un petit pays d'Afrique reste, pour un journal occidental, une non-nouvelle, jusqu'au moment où il intègre une séquence qui contient d'autres portions de monde en possession du public occidental. Il faudrait, par exemple, qu'Angela Merkel en parle, ne serait-ce qu'en prenant son café, pour que cela devienne une information. Et, si absurde que cela paraisse, c'est exactement ce que nous attendons des médias : nous payons pour avoir ce type de lecture du monde. En ça, nous nous alignons, consciemment ou pas, sur une idée de fond parfaitement barbare, qu'en théorie nous ne partageons pas mais qu'en réalité nous mettons en œuvre sans aucune difficulté : le sens des choses ne réside pas dans un de leurs aspects originels ou authentiques, mais dans la trace qu'elles laissent lorsqu'elles entrent en contact avec d'autres morceaux de monde. Elles ne sont pas ce qu'elles sont, mais ce qu'elles deviennent, pourrait-on dire. Quel que soit le jugement qu'on porte sur une telle façon de penser, ce qui importe ici est d'en saisir le trait barbare : c'est-à-dire de comprendre qu'il ne s'agit pas d'une dégradation dictée par une forme de folie, mais de la conséquence d'une certaine façon de penser le sens du monde, du corollaire d'une logique précise. Discutable, mais précise.

C'est pour cette raison qu'aujourd'hui il est devenu si difficile de se référer au sens authentique de nos gestes : car nous sommes en équilibre entre deux visions du monde que nous avons tendance à appliquer simultanément. D'un côté, nous conservons le souvenir encore tiède du temps où le sens des choses se donnait à ceux qui avaient la pureté et la rigueur nécessaires pour remonter le cours des siècles, pour s'approcher du lieu de leurs origines. De l'autre, désormais, nous savons bien que n'existe que ce qui croise nos trajectoires, et souvent pendant ce seul moment. Nous devinons que c'est dans leur instant de plus grande légèreté, de plus grande vitesse, que les choses vont intégrer des figures plus amples, où nous reconnaissons la prégnance d'une écriture et où nous avons appris à lire le monde. Dès lors, nous déambulons, plutôt perdus, et nous regrettons l'époque où les gestes étaient authentiques, tout en vivant à celle où l'absence d'authenticité est devenue synonyme d'existence.

Ce qui n'est pas une position très confortable.

9. *Différence*

Et puisque nous sommes dans un chapitre difficile, réglons son compte à cette histoire de différence. Qui n'est pas simple. Mais tout à fait importante. Une fois de plus, il n'est pas inutile de nous référer à la civilisation prébarbare. Revenons à la musique classique, qui a le mérite d'être un exemple clair. Quel était le modèle de développement de ce monde ? C'est-à-dire sa façon de croître, de se perfectionner, de devenir ? En général, ce qui déterminait le mouvement était un *pas en avant* : une amélioration, un dépassement, un progrès. Mozart conduit le symphonisme de Haydn vers de nouveaux sommets expressifs. Beethoven transporte le symphonisme mozartien au-delà du XVIIIe siècle. Schubert fait affleurer les implications romantiques du symphonisme de Beethoven. Et ainsi de suite. On peut lire toute l'histoire de la musique comme un constant dépassement de soi, qui fait que chaque pas prolonge et complète le précédent. La soudure du nouveau à l'ancien était une garantie de sérieux et son origine dans le passé une promesse de succès. De cette manière, le mouvement d'un geste créatif particulier en venait à ressembler à une éclosion progressive, qui traduisait au final toute la richesse de la graine de départ. En amont d'un tel modèle dynamique, on peut reconnaître une conviction gravée dans l'ADN de la civilisation bourgeoise et romantique : l'idée que le beau est indissolublement lié à une certaine forme de progrès. Le geste créateur avait une valeur quand il déclenchait un pas en avant, et le neuf avait de la valeur lorsqu'il était l'aboutissement de l'ancien. Manifestement inspirée par le culte du progrès qu'on doit à la culture scientifique (un totem incontesté, pour cette civilisation), une telle conviction poussait à interpréter le développement humain comme une ascension presque objective, inarrêtable, régulièrement remise en mouvement par le génie singulier d'un individu particulier.

Il n'est pas inutile de comprendre que, pour les barbares, ce modèle de développement ne signifie pratiquement rien. Il ne leur est pas naturel. Sans doute ne croient-ils plus au progrès tout court (qui donc y croit encore ?). Sans doute ont-ils à l'esprit une autre idée du mouvement. Le pas en avant est une chose qu'ils ne comprennent pas : ils croient au pas de côté. Le mouvement se produit quand une chose est en mesure de rompre la linéarité du développement, puis qu'elle se déplace de côté. Il ne se passe rien de significatif sinon dans la *différence*. La valeur qui compte est la différence, qui est une déviation latérale à partir de la ligne constituant le progrès. Prenons la mode, par exemple. Peut-on affirmer que le jean taille basse est un dépassement du Levi's 501 ? Je ne le crois pas. Ou que le nombril à l'air est un pas en avant par rapport à la minijupe ? La mode n'obéit pas à un progrès linéaire, auquel différents couturiers donneraient chaque fois une géniale accélération. Si l'on cherche le point exact où le système change, on ne trouve guère plus qu'un déplacement latéral, la production d'une différence. Vous me direz : la mode, quel rapport ? Soit. Prenons alors un autre exemple et revenons à la musique. Peut-on dire que les Red Hot Chili Peppers, Madonna ou Björk soient le dépassement de quelque chose ou un pas en avant par rapport à quelque chose ? Peut-être le sont-ils aussi, mais là n'est pas l'essentiel. Leur succès est plus vraisemblablement dû à leur capacité de faire un pas de côté, de créer une différence forte, structurée et autosuffisante. Du reste, n'est-ce pas là ce qui obsède les multinationales de la musique ? Dénicher un son différent ? Elles ne cherchent pas à *dépasser* Springsteen, elles veulent quelque chose qui soit *différent* de Springsteen. Ces temps-ci, elles ont beaucoup de mal à trouver, ce qui montre bien que le pas de côté n'a rien de facile, peut-être est-ce même ce qu'il y a de plus difficile, alors qu'il serait plus aisé de trouver un Schubert, après Beethoven. Mais les barbares ne sauraient pas quoi faire d'un Schubert. Ils recherchent la différence.

Je le répète : s'ils font cela, c'est parce que c'est cohérent avec leurs principes. Si le crépitement du sens est inscrit dans les séquences dessinées par les personnes à travers la jungle du possible, l'objectif de toute créativité ne peut être que d'intercepter ces trajectoires et d'en devenir partie prenante : vous comprenez la nécessité de se mouvoir dans l'espace ? En faisant un pas de côté, toute tradition créative va chercher le sens là où il surgit. Et elle le trouve dans la différence, pas dans le progrès. Le journalisme, qui est désormais une forme d'art, vous en fournira l'exemple le plus clair : il ne raconte pas le monde, il produit des *news*, considérant comme un événement seulement ce qui constitue une différence par rapport à la veille. Pas ce qui en est le prolongement, le développement ou, à la limite, l'involution. La continuité du devenir est ensuite prudemment rétablie dans les commentaires ou dans de rares reportages qui tentent de mettre en scène des narrations du monde. Mais la technique de base du journalisme est aujourd'hui une suite de pas de côté qui interceptent le sens du monde, enregistrant toutes ses variations latérales. Ici aussi, c'est un développement horizontal, dans l'espace et à la surface, qui remplace le chemin vertical de l'approfondissement et de la compréhension. Apparemment, c'est une perte immense. Pourtant, comment se fait-il que ce soit ce que nous désirons chaque matin ?

10. Schizophrénie

Si nous sommes bel et bien en pleine guerre entre civilisation et barbarie, cela vaut la peine de prendre un peu de temps et de réfléchir pour comprendre dans quel camp se situent les institutions auxquelles nous confions la tâche d'éduquer. Les champs officiels où l'on cultive nos cerveaux. L'école et la télévision, dirais-je : c'est par elles que passe le plus gros de la formation collective. Naturellement, il y a beaucoup d'autres éléments, mais si on veut s'intéresser aux deux champs les plus significatifs, c'est là que nous devons nous arrêter. Et nous demander : de quel côté sont-elles ? Facile : l'école est dans le camp de la civilisation, la télévision dans celui de la barbarie. Bien sûr, les exceptions ne manquent pas, un seul enseignant ou une seule émission de télévision peuvent faire la différence. Mais si l'on veut s'en tenir à une tendance générale qui l'emporterait sur les autres, alors il me semble qu'on peut tranquillement affirmer qu'à l'école on nous enseigne les principes de la civilisation de M. Bertin et qu'à la télévision c'est l'idéologie des surfeurs qui domine. Je n'ai pas le temps ici de faire tous les distinguos qui s'imposeraient, ni de montrer en quoi l'école primaire est différente du collège et du lycée, ou encore ce qui sépare une belle émission littéraire de la télé-réalité, mais en gros je pense qu'on peut effectivement reconnaître qu'à l'école ce sont les valeurs de la civilisation qui dominent, alors que la télévision expérimente sans la moindre précaution le nouvel esprit barbare. Que peut-on en conclure ? Avant tout que nous sommes des gens schizophrènes, qui raisonnons le matin comme Hegel, avant de nous transformer à midi en poissons respirant avec des branchies. Ce qui ne laisse pas de me fasciner. Chez le lycéen qui étudie le matin les œuvres de La Boétie (il y en a) et qui, l'après-midi, se change en créature du réseau, plongée dans sa propre dimension multitâche, il y a une schizophrénie qu'il nous faudrait comprendre. Comment interpréter la mansuétude avec laquelle il accepte l'école ? À l'inverse, comment expliquer le naturel absolu avec lequel il se glisse dans sa vie de poisson dès qu'il s'enferme dans sa chambre ? S'agit-il d'une espèce particulière d'amphibiens mentaux ou traversent-ils ce qu'ils doivent vivre à l'école en retenant leur souffle, en pratiquant une sorte d'hypnose résignée ? Ou, au contraire, sont-ils vivants le matin, alors que l'après-midi ils sont dévorés par un puissant système dont ils sont les victimes plus que les acteurs ?

Mais on pourrait aussi en déduire que nous formons une collectivité dans laquelle les principes de la civilisation demeurent une sorte de mets exquis, réservé à ceux qui ont la possibilité de se former dans les institutions scolaires, tandis que la barbarie est une sorte d'idéologie par défaut, offerte à tous gratuitement et consommée en masse par ceux qui n'ont pas d'autre accès aux sources du savoir. Ce n'est pas inédit dans notre histoire : la civilisation comme luxe et la barbarie comme bouée des exclus. Certes, par rapport au passé nous pouvons nous vanter d'avoir une scolarisation généralisée qui n'a pas de précédent, et nous pouvons estimer que nous sommes parvenus à rendre ouvert au plus grand nombre le lieu protégé dans lequel la civilisation distribue son héritage. Mais la complaisance avec laquelle on a allégrement abandonné à l'ennemi l'autre pilier, la télévision, demeure suspecte. La télévision commerciale, passe encore. Mais la télévision publique ? Comment est-il possible que cette dernière aussi soit devenue un des bastions de la barbarie ? Indépendamment de toute raison de type technique ou économique, vous ne trouvez pas ça moche qu'on ait livré à l'ennemi le quartier le plus populaire, pour se retirer dans les rues dorées du centre-ville ? Vous le reconnaissez, l'instinct sournois qui pousse à réagir à l'agression en sacrifiant ses hommes les plus fragiles, puis en se barricadant avec les troupes d'élite dans des forteresses ? Une erreur stratégique, car, si on laisse le barbare arriver sous nos murs, celui-ci les escaladera, il trouvera la faille ou bien il paiera un traître.

11. Politique culturelle

Au milieu, entre la télévision et l'école, il y a tout le champ ouvert de la culture et du divertissement. C'est un territoire pour une part abandonné à l'instinct du marché. Mais, pour une autre, il est sous le contrôle de la collectivité, qui le gère suivant des critères qui forment ce que nous appelons la politique culturelle. Dans quelle intention ? Transmettre la civilisation ou se convertir à la barbarie ? Bonne question. Si l'on pense à notre pré carré, on aurait tendance à répondre : pour transmettre la civilisation. Nous, les Italiens, vivons dans un pays qui, rien que pour la conservation préventive et la défense de son patrimoine artistique, consomme des quantités énormes de ressources et d'attention : une tâche aussi nécessaire qu'alignée sur les principes et les valeurs de M. Bertin. C'est un type de soin orienté vers le passé et la sauvegarde de la tradition, et il est donc logique que nous n'en soyons pas sortis indemnes : pour des gens habitués à entretenir des monuments qui s'effondrent, il est évident que le même type de gestes doit être appliqué à des questions moins matérielles telles que les idées, la beauté et le sens moral. Nous sommes des conservateurs presque par nécessité.

Quelle que soit la façon dont on juge l'affaire, nous pouvons donc dire que chez nous, quand la collectivité agit pour encadrer la manière dont les gens occupent leur temps et leurs sorties culturelles, elle le fait pour réaffirmer et diffuser les principes de la civilisation. Il y a quelques années encore, c'était un principe pacifique et inattaquable. Mais aujourd'hui ? Quel sens profond y a-t-il à consommer des ressources considérables afin de doter tous ces barbares d'un équipement mental dont ils ont décidé de se dispenser il y a bien longtemps ? Ne serait-il pas plus sensé de consacrer ces mêmes ressources à accompagner la formation de cette étrange civilisation nouvelle, en l'obligeant peut-être à retisser des liens avec la sagesse et le savoir qu'elle aurait un peu vite tendance à liquider comme des anachronismes inutiles ?

La part la plus facile et immédiate d'un tel doute a commencé à remonter à la surface des politiques publiques en matière de culture ces dernières années. Et le doute a pris la forme suivante : ne devrions-nous pas aller à la rencontre de ces barbares et trouver une façon un peu plus captivante de leur présenter les choses ? Naturellement, c'est un progrès plutôt limité, voire ridicule, mais c'est toujours mieux que rien. On en est donc arrivé à se demander comment transmettre la civilisation. Par exemple, on s'est dit que les musées pensés au XIXe siècle n'étaient peut-être pas l'idéal pour un adolescent accro à Internet. Ou bien on a compris qu'en versant les mêmes choses dans le conteneur d'un festival ou d'un grand événement, on imite la structure de système passant et de séquence synthétique que les barbares privilégient par-dessus tout. Ou encore on est allé chercher un aspect spectaculaire jusque dans les gestes les plus dignes et rigoureux, afin de retrouver la vitesse et la production de mouvement sans lesquelles ces gestes demeurent extérieurs aux habitudes barbares. En somme, on s'est beaucoup bougé. En amont, la forme d'intelligence n'a guère changé, les personnes et leur âge non plus. Mais une bouffée de modernité audacieuse a commencé à souffler dans les pièces à l'air vicié de la tradition. En la matière, j'ai une seule chose à dire : on ne fait pas de nomades des agriculteurs sédentaires en leur construisant des maisons qui ont la forme de tentes et en cultivant soi-même leurs champs. Traduction : si c'est juste une question de maquillage, alors la solution est mauvaise, c'est une capitulation qui ne fera que prolonger l'agonie.

Alors que la politique culturelle aurait au contraire une immense tâche historique à accomplir, si seulement ceux qui la conçoivent comprenaient que ce qu'il faut viser, ce n'est pas le sauvetage opportuniste du passé, mais toujours la noble réalisation du présent, afin de garantir aux intelligences un minimum de protection contre le danger du marché pur et dur.

12. Hamburger

Écoutez ça. Le journal dans lequel j'ai écrit ces lignes est alimenté par trois sources de financement : les ventes et abonnements, les ventes d'espaces publicitaires et les ventes d'autres objets liés au journal (livres, suppléments, DVD…). D'après vous, qu'est-ce qui rapporte le plus ? La publicité, c'est évident. (Mais pas si logique que cela : on achète un livre pour ce qu'il est, pas pour ce qu'il a sur la couverture et qui n'a pas grand-chose à voir avec lui.) Soit. Et en deuxième place ? On aurait tendance à dire que c'est le journal lui-même. Mais non. En 2005, un basculement historique a eu lieu : les gadgets ont rapporté à peu près autant que le journal. Peut-être est-ce un hasard, une conjoncture particulière, mais c'est arrivé et ça devrait nous faire réfléchir.

Il est toujours intéressant d'étudier comment circule l'argent. Observez la géographie de cette situation : il y a un centre, le journal, et une périphérie, tout ce qui n'est pas le journal mais est mis en mouvement par lui, c'est-à-dire la publicité et les ventes annexes. Où va l'argent ? À la périphérie. À ce rythme, on n'a guère de mal à imaginer que le journal puisse un jour coûter encore moins cher, voire rien du tout : dès lors, *tout* l'argent irait à la périphérie. Curieux. N'oubliez pas que rien de tout cela n'existerait s'il n'y avait le journal au centre. C'est lui qui fournit le combustible permettant d'arriver aux produits annexes. Et donc, le cœur de ce système apparaît comme une grande source d'énergie qui crée de l'autorité, une signature, et met ensuite l'argent en circulation. Je ne dispose pas de données actualisées, mais je me souviens clairement d'avoir lu qu'à Las Vegas quelque chose de comparable a eu lieu il y a quelques années : le chiffre d'affaires des restaurants, des hôtels, des night-clubs et des théâtres a dépassé celui des *casinos*. Ce qui, en principe, avait été au début un équipement accessoire de confort servant à pousser les nigauds à se vider les poches dans un *casino* est maintenant devenu, économiquement parlant, la *substance* de Las Vegas. Les gens continuent à y aller, car au fond c'est Las Vegas, la capitale du jeu, mais une fois sur place ils font autre chose.

Il est vrai qu'en soi, l'affaire rappelle certaines apocalypses poétiques des débuts du XXe siècle. Vous vous rappelez la scène vide de l'empereur ? Le monde privé de centre qu'ont si souvent chanté les auteurs mitteleuropéens. Mais il s'agissait là d'apocalypse, justement : c'est-à-dire d'une forme élégante et sophistiquée de perte de sens. En revanche, les modèles que nous avons sous le nez semblent plutôt produire du sens, pas en dévorer. Ils le multiplient. On ne dirait pas la fin d'un monde, plutôt la naissance d'un autre : la naissance du monde barbare.

Peut-être une des figures existentielles caractérisant les barbares est-elle précisément ce schéma : un centre fondateur qui entraîne un système et une périphérie qui magnétise le sens. Puis-je risquer un exemple plébéien ? Le hamburger. Dans son acception barbarement la plus haute et la plus parfaite : le hamburger McDonald's. Le centre, c'est le steak. Quelqu'un sait quel goût il a ? Il n'en a pratiquement aucun. Le sens de cette chose à manger est ailleurs, dans le reste. De fait, lui, le steak, est presque inamovible et unique : le mouvement se met en branle lorsqu'on choisit quoi mettre dessus, autour, derrière. Désormais, nous y sommes tous habitués, mais vous admettrez que la chose est étrange. Théoriquement, suivant les principes de M. Bertin, si on veut manger un steak on doit pouvoir choisir parmi plusieurs sortes, ce serait là tout le sens de la question : le bœuf argentin plutôt que le veau danois cuit au sang. En l'occurrence, rien. Le steak, tout le monde s'en fiche. C'est le reste qui fait la différence.

C'est un schéma mental, admettez-le. Une transhumance du sens vers les régions périphériques de l'accessoire. Le sens nomade qui remplace le sens sédentaire. Les barbares.

Et donc, quand nous allons dans d'immenses multiplex voir des films qui sont le prévisible steak, ce sont souvent de sympathiques excursions familiales au cours desquelles on consomme de tout. Ou bien nous achetons n'importe quel objet produit par Armani, même les dessous de plat, alors que nous n'imaginons pas un seul instant nous habiller Armani. Nous votons pour des partis dont nous n'avons jamais lu le programme. Nous regardons les matchs de football à la télévision et désertons les stades. Nous allons à Las Vegas juste pour manger. Nous achetons un quotidien pour rapporter à la maison un cours d'anglais destiné aux enfants.

En un sens, si l'on veut rencontrer les barbares, une des choses que l'on peut faire est d'aller aux États-Unis, d'entrer dans un supermarché et de décider d'acheter un poulet rôti. Un simple poulet rôti. Il y en a au moins quatre sortes différentes. Au curry, au citron, au romarin, à l'ail. Les dimensions sont toujours les mêmes, la cuisson aussi, l'origine également, je suppose. Je peux ajouter que le poulet lui-même n'a presque aucun goût.

Je ne sais pas ce que mangent ces pauvres bêtes, mais ça ne doit pas être très éloigné du polystyrène. Le poulet au goût de poulet, lui, *n'existe pas.* Là où nous n'avons qu'une option, nous (« Un poulet rôti, s'il vous plaît »), ils en ont au moins quatre. Qui peuvent encore se multiplier si vous vous aventurez dans les méandres des sauces.

Sens nomade.

13. *Hélice*

Hé, nous voici à la dernière pensée. Le dernier portrait barbare. La dernière page du carnet. Ça fait plaisir. Cette dernière esquisse, je la consacrerai à l'hélice. C'est une image qui m'aide à comprendre : comment se peut-il qu'aujourd'hui on en soit arrivé à juger, avec quelques arguments à faire valoir, que Thomas Mann est un auteur inutile et surestimé ? Est-ce un accès de folie ? Non. C'est l'hélice. Je m'explique.

Une des choses auxquelles il faut se préparer, quand la mutation se produit, c'est au bouleversement de toute hiérarchie de jugement. Ce n'est pas agréable, mais c'est ainsi. Je peux le dire très clairement : dans l'histoire des mammifères, le dauphin est un excentrique. Dans celle des poissons, c'est un père fondateur. Si l'on met de côté toutes les nuances du goût, de la compréhension et du jugement, une réalité subsiste : chaque civilisation évalue celles qui l'ont précédée à la pertinence avec laquelle elles ont su préparer l'habitat mental où il lui revient de vivre. Si une génération de mutants conduit le monde à vivre sous l'eau, stimulant la naissance de branchies derrière les oreilles, il va de soi qu'à partir de ce moment, pour ce monde, la girafe ne représentera plus grand-chose. Le crocodile conservera un certain intérêt. La baleine sera un véritable Dieu. Si, au nom de quelque anomalie du destin historique, l'Ancien Régime avait continué à dominer le monde, Boccherini serait considéré comme un génie et Beethoven comme un excentrique. Mais, dans le monde tel que nous l'avons connu, Beethoven est sans discussion possible un père fondateur. Même l'artiste le plus obscur possède un certain mérite aux yeux d'une civilisation s'il a contribué ne serait-ce qu'un peu à préparer l'habitat mental dans lequel cette civilisation s'installera ensuite. Cela devrait nous permettre également de comprendre la situation inverse : tout génie peut se retrouver ravalé au rang de figurant inutile pour peu qu'une mutation renverse le point de vue, de telle sorte qu'on ne puisse plus le compter parmi les prophètes du nouveau monde (pendant longtemps, Bach, par exemple, resta à peu près invisible, jusqu'à ce qu'une mutation mentale lui confère une place significative sur les radars).

C'est comme les pales d'un hélicoptère. Tout dépend de l'endroit où l'on se place : on peut les voir disparaître derrière la fine ligne de leur profil ou, au contraire, les admirer tout entières. Ce n'est pas tant une question de force, ni de l'œuvre elle-même ni de son auteur : c'est la perspective qui dicte la règle ; après, seulement après, cette force intervient et oriente les jugements.

Et donc, nous ne voyons rétrospectivement que le paysage qu'on aperçoit d'ici et, de cette façon, nous identifions les sommets les plus élevés, nous en mesurons la grandeur.

À présent, songez aux barbares. Songez à l'endroit où ils sont allés vivre, dans leur nomadisme mental. Songez au paysage qui s'ouvre devant leurs yeux pour peu qu'ils fassent l'effort de se retourner. Et cherchez le sommet Thomas Mann pour voir s'il brille de toute sa splendeur. Peut-être y est-il, je ne sais pas. Mais je n'en jurerais pas.

Car c'est vrai : il est des sommets qu'aucune mutation n'a effacés du paysage des vivants. Ceux que nous appelons des classiques. Homère. Shakespeare. Léonard de Vinci. Chaque fois que nous nous sommes déplacés, ils étaient toujours là, si incroyable que cela puisse paraître. Pour des raisons mystérieuses ou par la grâce d'une vertigineuse capacité prophétique qui a su imaginer non pas un monde nouveau, mais tous les nouveaux mondes possibles, en eux étaient déjà inscrites toutes les mutations futures. Mais sommes-nous sûrs que Thomas Mann est à la hauteur ? Ne serait-il pas plutôt le sommet d'un paysage particulier, un parmi tant d'autres, peut-être même pas l'un des plus enracinés et des plus connus, presque le paysage privé d'une civilisation locale, éphémère et déjà disparue ?

Si je dis cela, c'est pour montrer que, dès lors qu'on accepte l'idée d'une mutation et qu'on s'écarte joyeusement pour la laisser passer, il faut se préparer à la perte sèche de toute hiérarchie préexistante, à l'écroulement de notre galerie de monuments. Quelque chose restera sûrement debout, mais aujourd'hui nul ne saurait dire quoi. La terre tremblera et c'est seulement après, quand tout se sera de nouveau figé sous la belle forme durable d'une nouvelle civilisation, que nous regarderons autour de nous et que nous verrons ce qui, des paysages de notre mémoire, est encore là.

Ce livre pourrait se conclure sur ces quelques lignes, mais ce ne sera pas le cas. Les pages du carnet sont terminées et il lui faut un épilogue, il y en aura donc un. Juste un chapitre. Mais qui ait la saveur de ce qu'on appelait autre fois le finale.

L'épilogue, donc. De la Grande Muraille de Chine, comme promis.

Épilogue

LA GRANDE MURAILLE

Simatai (Pékin). Je vous avais prévenus que j'écrirais le finale de ce livre depuis la Grande Muraille. Ça peut sembler un rituel stupide et peut-être en est-ce effectivement un, mais le fait est que je ne vois pas comment expliquer ce que j'ai en tête sans raconter cet immense serpent de pierre et de folie. Pour moi, c'est une sorte d'image-guide. Je me suis donc dit : quel effet cela peut-il bien faire de penser une image tout en marchant dessus ? Un truc à la Gulliver : faire du trekking dans ses propres pensées.
    Comment aurais-je pu résister ?

On dirait un serpent ivre, mais en réalité il a une logique, un principe, qui doit être le suivant : construisez une tour au sommet d'une colline, puis regardez vers l'ouest et cherchez le point le plus haut dans un rayon d'environ soixante-dix mètres, disons, soit le périmètre qu'éclaire une lanterne la nuit. Là, bâtissez une autre tour. Enfin, reliez les deux tours par un chemin haut de quelques mètres et pourvu de rebords. Si, pour ce faire, vous devez descendre dans un renfoncement puis

remonter de l'autre côté, vous le ferez avec patience et sérénité, sans perdre votre calme. Si vous devez gravir une côte très raide, vous le ferez sans vociférer, avec fermeté et détermination. Répétez ce geste pendant deux siècles et vous obtiendrez la Grande Muraille de Chine.
 En cours de route, il est très important de ne *jamais* changer d'avis.
 Je connais des gens qui *vivent* de cette façon.

 Je dois en conclure que marcher pendant sept heures sur la Grande Muraille est ce qui s'apparente le plus à marcher pendant sept heures tout en restant au même point. Il n'y a pratiquement pas de changement, on est accompagné par un seul et unique geste architectural, immuable pendant des kilomètres, qui nous présente toujours la même taille des pierres, la même couleur des rebords, la même conception des marches, kilomètre après kilomètre. Toutes les tours sont identiques, seule la perspective changeante des montées et des descentes nous assure qu'en dépit des apparences nous avançons bel et bien. Tout autour, la campagne est inchangée. Quand on est allé assez loin pour ne plus risquer de rencontrer qui que ce soit, le pouvoir hypnotique de cette balade surréaliste est étonnant, et les pas qu'on fait commencent réellement à donner la sensation d'une descente en nous-mêmes, où le reste de mouvement horizontal qu'on perçoit encore tend à se perdre dans l'impression bien plus claire d'une descente verticale, presque d'une chute, lente et rythmique, vers un point aveugle situé juste sous nos pieds. Et donc, tandis qu'on prend la fatigue pour une forme d'ascèse méditative, le monde s'éteint dans le tracé de la Muraille, la Muraille s'éteint sous nos pas et nos pas s'éteignent dans les mouvements de notre esprit, et finalement il reste le noyau dur d'une pensée, dans cet air pur de l'esprit que j'ai rejoint après avoir parcouru des milliers de kilomètres. M. Bertin, je me dis. La bonne vieille technique de M. Bertin. Patience, effort, silence, temps et profondeur. Récompense : la pensée. Approcher du sens des choses.

Alors je m'arrête et, l'espace d'un instant, j'ai la certitude absolue et erronée que son modèle est indiscutablement supérieur. La seule façon possible de penser, je songe. C'est autre chose que les barbares.

Naturellement, je sais que c'est faux, mais là-haut il n'y a personne pour contrôler, personne ne s'en apercevra, si je triche un court instant.

Pour finir, tout ce que j'ai appris en écrivant ce livre et tout ce que j'ai compris se déploie devant mes yeux de façon laborieusement ancienne.

En général, on pense que la Grande Muraille est une construction très ancienne, une sorte de monument extrême qui plonge ses racines dans la nuit des temps. En réalité, telle que nous la connaissons, avec son serpent de murs qui relie une tour à l'autre, suivant passivement le relief du paysage, la Grande Muraille est relativement jeune : sa construction a duré deux siècles, entre le XVe et le XVIIe. C'est une dynastie singulière, les Ming, qui en a accouché : leur obsession spectaculaire. Apparemment, il s'agissait de se défendre contre les attaques des nomades venus du nord, en dressant un mur qui s'étende de la côte jusqu'aux profondes régions occidentales. En fait, la question était bien plus compliquée. Là où nous avons tendance à voir un dispositif militaire se cachait plutôt un mode de pensée. Au nord, dans la steppe, il y avait les barbares. C'étaient des tribus nomades qui ne cultivaient pas la terre, leur préférant le saccage et la guerre comme moyens de subsistance. Elles étaient donc magnifiquement étrangères aux raffinements de la civilisation chinoise. Quand le besoin leur en prenait, elles faisaient pression sur les frontières de l'empire et proposaient des échanges commerciaux. En cas de refus, elles attaquaient. La plupart du temps, elles mettaient à sac le territoire et retournaient à l'endroit d'où elles étaient venues. Mais il ne manqua pas de quelqu'un pour conquérir tout l'empire : Kubilay Khan était mongol, et le dernier empereur de Chine, celui qui fut détrôné en 1912, était mandchou, deux barbares montés sur le trône. Impensable, mais vrai.

Pendant des siècles, les différentes dynasties qui se succédèrent au pouvoir se posèrent donc le problème de savoir comment faire face à cette variable dangereusement imprévisible qui troublait la quiétude de l'empire. La Muraille était une option, mais pas la seule. Il y avait au moins deux autres solutions possibles. La première était d'envahir les territoires barbares et de les soumettre : plutôt logique, pour un empire, mais difficile à réaliser. Les nomades étaient de formidables combattants et, pour les vaincre, il fallait d'une certaine façon accepter leur mode de combat et l'imiter. En outre, si l'on parvenait à les vaincre, que faire ensuite de ces steppes inhospitalières, comment les surveiller ? La troisième option, c'était de se forcer à faire du commerce avec eux. Se forcer, je dis, car l'idée d'échanger des biens avec ces barbares était vue comme une faiblesse à la limite de l'inconcevable. Vous imaginez l'Empereur Céleste assis à la même table qu'un barbare, acceptant son chantage et offrant du précieux blé contre d'inutiles chevaux ? Dieu ne négocie pas avec les sauvages. Il n'accepte pas leurs présents, ne reçoit pas leurs ambassadeurs, n'envisage même pas de lire leurs missives. Pour lui, ils n'existent pas.

Mais le fait est qu'ils existaient bel et bien, ceux-là. Et donc, pendant des siècles, l'establishment militaire et intellectuel chinois a dû faire face au dilemme des trois possibilités : attaquer, commercer ou dresser un mur ? Ça semblait une question de stratégie militaire, mais ils en firent un problème quasi philosophique, pressentant que prendre une telle décision revenait à adopter une certaine idée de soi-même, une certaine définition de ce qu'étaient l'empire et la Chine. Ils savaient qu'attaquer et commercer étaient des gestes qui, d'une certaine façon, obligeaient l'empire à sortir de sa tanière, et l'identité chinoise à se confronter avec l'existence de gens différents. Le mur, lui, semblait la consécration même de la perfection réalisée de l'empire, la certification physique de sa nature de monde complet et achevé. Ils faisaient donc mine d'interpeller les généraux, mais c'était des philosophes qu'ils attendaient une réponse. Nous enseignant pour toujours que, dans ses rapports avec les barbares, toute civilisation porte en soi l'idée qu'elle se fait d'elle-même. Et que, lorsqu'elle lutte contre les barbares, toute civilisation finit par choisir non pas la meilleure stratégie pour vaincre, mais celle qui renforce le mieux son identité. Car le cauchemar de la civilisation n'est pas d'être conquise par les barbares, c'est celui d'être contaminée : elle n'arrive pas à imaginer la défaite contre ces morts de faim, mais elle a peur qu'en les combattant elle en ressorte modifiée, corrompue. Elle a peur de les toucher. Tôt ou tard, quelqu'un a donc cette idée : le mieux, ce serait de dresser un mur entre eux et nous. Les Chinois l'ont eue de nombreuses fois au fil des siècles. C'était la seule façon de combattre sans se salir les mains ni risquer la contagion. C'était le seul système permettant d'annihiler une chose dont on n'est pas disposé à admettre l'existence. D'un point de vue philosophique, c'était génial.

Cependant, d'un point de vue militaire, ça n'a jamais fonctionné. Aucune muraille, ni celle que nous voyons aujourd'hui ni les autres, plus modestes, qui l'avaient précédée, n'a jamais eu la moindre efficacité. Les barbares se présentaient au pied de la Muraille, ils râlaient un peu, puis ils faisaient pivoter leur cheval (quelques dizaines de milliers de chevaux) et ils se mettaient à galoper le long du mur. Arrivés au bout, ils le contournaient et envahissaient la Chine. Ils le firent à plusieurs reprises. C'étaient des nomades, ils étaient nés à cheval : quelques milliers de kilomètres de plus ou de moins ne faisaient aucune différence pour eux. Plus rarement, peut-être sous l'emprise d'une impatience bien compréhensible, ils attaquaient un point du mur, ils créaient une brèche et déferlaient de l'autre côté. Il n'y a donc aucun doute : construire, entretenir et surveiller cette muraille avait un coût complètement disproportionné par rapport à son utilité militaire. Seul un général crétin a pu concevoir un tel plan. Ou un philosophe génial, comme on commence à l'entrevoir.

Voici donc ce que nous sommes autorisés à penser de la Grande Muraille : c'était une opération moins militaire que mentale. On dirait la fortification d'une frontière, mais c'est en fait l'*invention* d'une frontière. C'est une abstraction conceptuelle, si fermement installée et de façon si irrévocable, que c'en devient un énorme monument physique.

C'était une idée écrite avec de la pierre.

L'idée, c'était que l'empire représentait la civilisation, alors que tout le reste était la barbarie et donc la non-existence. L'idée, c'était qu'il ne s'agissait pas d'hommes, mais il y avait des Chinois d'un côté et des barbares de l'autre. L'idée, c'était de tracer une frontière pour les séparer. Si le barbare, qui était nomade, ne la voyait pas jusque-là, désormais il la verrait ; et si le Chinois, qui avait peur de lui, l'oubliait, désormais il se le rappellerait. La Grande Muraille ne les défendait pas contre les barbares : elle les inventait. Elle ne protégeait pas la civilisation : elle la définissait. C'est pour cette raison que nous pensons qu'elle est là depuis toujours : parce que c'est l'idée très ancienne, chinoise, d'être la civilisation et la totalité du monde. Même quand la Muraille n'était qu'une enfilade de terre-pleins esquissée çà et là, pour nous c'était déjà la Grande Muraille, car elle était rocheuse, monumentale, elle incarnait déjà l'idée que cette frontière existait. Pendant des siècles, ce ne fut guère plus qu'une image mentale : très réelle, mais physiquement effacée. Par conséquent, lorsque Marco Polo se rendit là-bas puis qu'il raconta ce qu'il y avait vu, il ne dit rien de la Muraille. Possible ? Non seulement possible, mais logique : Kubilay Khan était mongol, l'empire que Marco Polo découvrit était celui des barbares vainqueurs, venus du nord pour conquérir la Chine. Cette idée de frontière était-elle présente dans leur esprit ? Non. Et, une fois disparue de leur esprit, la Grande Muraille n'était guère plus que quelques singulières fortifications perdues dans le nord du pays : pour tout Marco Polo de passage, elle était *invisible*.

Aujourd'hui, dans la Grande Muraille, nous pouvons lire, nous, la plus monumentale et la plus belle énonciation d'un principe : la division du monde entre civilisation et barbarie. C'est ce qui m'a poussé à venir jusqu'ici. Je voulais marcher sur l'idée à laquelle j'avais consacré ce livre. Et mesurer ici ce que j'avais appris.

Je tiens à le dire le plus simplement possible : quoi qu'il soit en train de se passer, quand nous avons senti souffler dans notre cou la menace d'un saccage, le geste que nous avons choisi de faire a consisté à dresser une Grande Muraille. Apparemment nous l'avons fait pour nous défendre. Et nous sommes encore convaincus, en toute bonne foi, que c'était vraiment notre but. Nous célébrons l'héroïsme modeste de ceux qui la défendent tous les jours, ceux qui construisent obstinément des milliers de kilomètres de mur. Même le constat évident que cette muraille n'a en rien réduit les invasions ne nous fait pas changer d'avis. Nous continuons à perdre du terrain, pourtant le spectacle grotesque d'élégants ingénieurs qui peinent à dresser ce mur nous paraît toujours aussi louable. La vérité, c'est que nous ne défendons pas une frontière : nous l'inventons. Nous avons besoin de ce mur : pas pour tenir à distance ce qui nous fait peur, mais pour lui donner un nom. Là où se trouve ce mur, nous disposons d'une géographie que nous connaissons, la seule : nous d'un côté, les *barbares* de l'autre. C'est une situation qui nous est familière. Une bataille que nous savons livrer. À la limite, nous pouvons la perdre, mais nous saurons que nous nous sommes battus du bon côté. À la limite, nous pouvons perdre, mais pas *nous* perdre. Alors va pour la Grande Muraille.

Mais c'est une mutation. Une affaire qui concerne tout le monde sans exclusion. Même les ingénieurs, là-haut, sur les tours de la muraille, ont déjà les traits somatiques des nomades qu'en théorie ils combattent : ils ont de l'argent barbare en poche et de la poussière des steppes sur leurs cols amidonnés. C'est une mutation. Pas un petit changement, une inexplicable dégénérescence ou une maladie mystérieuse : une mutation accomplie pour survivre. Le choix collectif d'un habitat différent et protecteur. Savons-nous, ne serait-ce que vaguement, ce qui l'a provoquée ? Me viennent sans nul doute à l'esprit certaines innovations technologiques, à l'impact décisif : celles qui ont comprimé l'espace et le temps, resserrant le monde. Mais elles n'auraient probablement pas eu un tel effet si elles n'avaient coïncidé avec un événement qui a ouvert grand le champ social : la chute de barrières qui, jusqu'ici, avaient tenu une part significative des hommes à distance de l'expérience du désir et de la consommation. C'est à ces *homines novi*, admis pour la première fois dans le royaume des privilèges, que nous devons vraisemblablement l'énergie cinétique indispensable à la réalisation d'une vraie mutation : non pas les *contenus* de cette mutation, qui semblent être encore le produit d'élites éclairées, mais assurément la force nécessaire pour la mettre en œuvre. Et le besoin. C'est très important : le besoin. C'est certainement d'eux que vient la conviction selon laquelle, sans mutation, nous sommes finis. Des dinosaures en voie d'extinction.

Quant à comprendre en quoi consiste précisément cette mutation, ce que je peux dire, c'est qu'à mon avis elle repose sur deux piliers fondamentaux : une idée différente de ce qu'est l'expérience et une dislocation nouvelle du sens dans le tissu de l'existence. C'est le cœur de la question : le reste n'est qu'une suite d'effets. La surface à la place de la profondeur, la vitesse à la place de la réflexion, la séquence à la place de l'analyse, le surf à la place de l'approfondissement, la communication à la place de l'expression, le multitâche à la place de la spécialisation, le plaisir à la place de l'effort. Un démantèlement systématique de tout le bagage mental hérité de la culture du XIXe siècle, romantique et bourgeois. Jusqu'à des niveaux scandaleux : la laïcisation brutale de tout geste, l'attaque en règle contre la sacralité de l'âme, quoi qu'elle recouvre.

C'est ce qui se passe autour de nous. Il existe une façon simple de définir le phénomène : les invasions barbares. Et chaque fois que quelqu'un se dresse pour dénoncer la moindre misérable transformation, se dispensant du devoir de la comprendre, la muraille se rehausse et notre cécité augmente, idolâtrant une frontière qui n'existe pas, mais que nous nous vantons de défendre. Croyez-moi : il n'y a pas de frontière, pas de civilisation d'un côté ni de barbares de l'autre, seulement le front de la mutation qui progresse et déferle en nous. Nous sommes des mutants, tous, ceux qui sont évolués et ceux qui le sont moins, ceux qui sont un peu en retard et ceux qui ne se sont encore aperçus de rien, ceux qui font les choses par instinct et ceux qui en sont conscients, ceux qui font mine de comprendre et ceux qui ne comprendront jamais, ceux qui freinent des quatre fers et ceux qui préfèrent la fuite en avant. Mais nous migrons tous vers l'eau. Pendant longtemps, j'ai cru que c'était une condition liée à une certaine génération, ceux qui ont entre trente et cinquante ans. Je nous voyais là, au milieu du gué, l'esprit d'un côté et le cœur de l'autre, mi-mammifères mi-poissons, déchirés par une mutation qui se serait produite trop tard ou trop tôt : de petits M. Bertin qui surfent laborieusement. Mais, en écrivant ce livre, il m'est apparu de plus en plus clairement que cette condition est commune à tous, que le désir incertain et la schizophrénie irrévocable des premiers mutants sont le mot d'ordre narquois qui nous attend : « Contemplant le musée des chevaux et le visage des gens, tout-puissant courant sans rives, mû par ma volonté et se précipitant vers le néant de la steppe pourpre au crépuscule, souvent je songe : où suis-je, moi, dans ce courant ? » (Gengis Khan). S'il existe une réponse à cette question (que Gengis Khan ne s'est jamais posée, c'est l'écrivain Viktor Pelevine qui la lui prête dans *La Mitrailleuse d'argile*[1]), une question

---

1. *La Mitrailleuse d'argile*, traduit par Galia Ackerman et Pierre Lorrain, Éditions du Seuil, 1997.

que nous pourrions tous nous poser, je ne me l'imagine guère différente de ceci : nous sommes tous au même point, dans le seul lieu qui soit et dans le courant de la mutation, où nous appelons *civilisation* ce que nous connaissons et *barbarie* ce qui n'a pas encore de nom. Et, contrairement à d'autres, je pense que c'est un lieu magnifique.

La petite pension au pied de la Muraille a des lanternes rouges et des fenêtres en aluminium anodisé. Il n'y a pas d'eau chaude, mais on peut regarder la télévision et je vois sur l'écran quelqu'un qui joue de la flûte en soufflant par le nez. Puis je regarde un téléfilm dans lequel un enfant vomit ses spaghettis. C'est parfait. En cette soirée éclairée au néon, je peux écrire la dernière chose que j'ai à dire.

Il n'est nulle mutation qui ne soit gouvernable. Abandonner le paradigme du choc des civilisations et accepter l'idée d'une mutation en cours ne signifie pas qu'il faille prendre ce qui arrive tel quel, sans y laisser la trace de nos pas. Ce que nous deviendrons demeure la conséquence de ce que nous voudrons devenir. Le soin, l'attention, la vigilance sont donc particulièrement importants. Il est aussi inutile et grotesque d'élever de prétentieuses murailles sur une frontière qui n'existe pas qu'il serait utile, au contraire, de naviguer intelligemment dans le courant, avec l'idée d'une direction et des compétences de marin. Ce n'est pas le moment de s'effondrer comme des sacs de pommes de terre. Naviguer, telle est notre tâche. Exprimé en termes basiques, je crois qu'il s'agit de décider ce que nous voulons transporter de l'ancien monde vers le nouveau. Ce que nous voulons conserver intact, malgré les incertitudes d'un voyage difficile. Les liens que nous ne voulons pas briser, les racines que nous ne voulons pas perdre, les paroles que nous voudrions encore entendre et les idées que nous ne voulons pas cesser de caresser. C'est un travail raffiné. Méticuleux. Dans le courant violent, mettre à l'abri ce qui nous est cher. C'est un geste difficile, car ça ne signifie pas mettre à l'abri *de* la mutation, mais toujours *dans* la mutation. Et ce qui sera sauvé ne sera jamais ce que nous avons conservé à l'abri des temps nouveaux, mais ce que nous avons laissé muter et qui redeviendra soi-même dans un temps nouveau.

À ce stade, il faudrait un joli paragraphe pour expliquer ce qu'il conviendrait, d'après moi, de mettre à l'abri dans la mutation. Mais le fait est qu'en la matière je n'ai pas les idées très claires. Je sais qu'il y a des choses, mais quoi, c'est difficile à dire aujourd'hui, précisément. Difficile. Tout ce qui me vient à l'esprit, c'est une page de Cormac McCarthy. Un passage de *Non, ce pays n'est pas pour le vieil homme*. Un livre vraiment sombre : on dirait la capitulation pure et simple face à une mutation désastreuse, sans issue et sans espoir. Pourtant, à un certain point, le shérif passe près d'une chose étrange, une sorte d'abreuvoir creusé au ciseau dans la pierre dure. C'est la dernière page du livre. Il voit l'abreuvoir et s'arrête. Il l'observe. Celui-ci est long de près de deux mètres, large de cinquante centimètres et profond d'autant. On reconnaît encore les marques du ciseau dans la pierre. Il doit être là depuis cent ou deux cents ans, dit le shérif. Et donc, poursuit-il, j'ai pensé à l'homme qui l'a fabriqué. Il s'est mis là, avec un marteau et un ciseau, et il a sculpté un abreuvoir susceptible de durer dix mille ans. Pourquoi ? En quoi cet homme croyait-il ? Vous devez imaginer le shérif très fatigué, à ce stade : il n'a plus foi en rien et s'apprête à raccrocher son étoile pour toujours. C'est ainsi que vous devez vous le représenter. Tandis qu'il se demande pourquoi diable un type s'est mis à sculpter un abreuvoir en pierre dans l'idée qu'il dure dix mille ans. En quoi faut-il croire pour avoir des idées pareilles ?

En quoi croyons-nous pour avoir encore l'instinct aveugle de mettre quelque chose à l'abri ?

McCarthy, lui, l'écrit ainsi : « Alors je pense à cet homme qui venait de s'asseoir là avec son marteau et son ciseau, peut-être juste une heure ou deux après le souper, je ne sais pas. Et je dois dire que la seule chose que je peux imaginer, c'est qu'il y avait comme une promesse dans son cœur. Et je n'ai pas du tout l'intention de tailler un abreuvoir dans la pierre. Mais j'aimerais pouvoir faire ce genre de promesse. Je crois que c'est ce que j'aimerais plus que tout au monde. »

Beaucoup d'applaudissements à la télévision, car le type qui jouait de la flûte en soufflant par le nez fait à présent tenir sur sa tête un nombre impressionnant d'assiettes et de verres. Sur une autre chaîne, je tombe sur le Milan A.C. Le ballon circule en vain. Dehors, dans l'obscurité, la Grande Muraille. Plongée dans la pénombre sans histoire d'une nuit chinoise.

PRÉFACE À L'ÉDITION FRANÇAISE	9
Début	13
ÉPIGRAPHES	19
Épigraphes 1	21
Épigraphes 2	25
Épigraphes 3	32
SACCAGES	37
Vin 1	39
Vin 2	47
L'animal	57
Football 1	62
Football 2	68
Livres 1	76
Livres 2	86
Livres 3	92
RESPIRER AVEC LES BRANCHIES DE GOOGLE	99
Google 1	101
Google 2	106
Google 3	111
Expérience	119

PERDRE SON ÂME   127
Âme   129
Musique classique   134
Monsieur Bertin   142
Monsieur Rivière   145
Effort   148
Guerre   155

PORTRAITS   163
1. Spectaculaire   166
2. Cinéma   171
3. Nostalgie   173
4. Séquences synthétiques   174
5. Passé   177
6. Technique   183
7. Démocratie   185
8. Authentique   188
9. Différence   192
10. Schizophrénie   195
11. Politique culturelle   198
12. Hamburger   200
13. Hélice   204

Épilogue. LA GRANDE MURAILLE   209

Ouvrage composé par Nord Compo.
Achevé d'imprimer
par l'Imprimerie Floch
à Mayenne, le 27 janvier 2021.
Dépôt légal : janvier 2021.
1ᵉʳ dépôt légal : octobre 2014.
Numéro d'imprimeur : 97635.

ISBN 978-2-07-013169-3 / Imprimé en France.

376411